D1664983

Siegfried Trebuch

Endlich glücklich!

Wegweiser in ein erfülltes Leben

Copyright © 2017 Siegfried Trebuch

SiegfriedTrebuch.com

Erstauflage August 2017

Coverbild vorne © Fotolia striZh
Coverbild hinten © Fotolia Denchik

T&T Verlag
shop@geistigewelt.tv

Lektorat • Dr. Gerda Poschmann-Reichenau

Satz und Druck • OH Druck GmbH, 83410 Laufen

ISBN 978-3-942500-50-0

Dieses Buch wurde auf Blauer Engel-Papier gedruckt,
welches zu 100% aus Altpapier hergestellt ist.
Dadurch werden viele Ressourcen gespart,
die Wälder geschont und die Belastung der Umwelt reduziert.

Alle Rechte der Verbreitung, auch durch Film, Funk, Fernsehen
und sonstige Kommunikationsmittel, fotomechanische oder ver-
tonte Wiedergabe, elektronische Datenträger und auszugweisen
Nachdruck, sind vorbehalten.

Danksagung

Ich möchte Gaby Teroerde meine tiefste Dankbarkeit aussprechen für ihre jahrelange liebevolle Unterstützung, auch bei der Entstehung dieses Buches. Sie gab mir den Raum zum Schreiben und die Freiheit, mich zu entfalten.

Mein Dank geht außerdem an Dr. Gerda Poschmann-Reichenau für die professionelle Betreuung und die wertvollen Ideen für die Überarbeitung des Textes.

Besonders bedanken möchte ich mich bei den vielen Menschen, die mit mir über die Jahre den Weg gemeinsam gingen. In der Arbeit mit ihnen lernte ich die Vielfalt und Tiefe der menschlichen Seele noch besser kennen.

Außerdem möchte ich mich bei all den Weisen bedanken, die sich quer durch alle Kulturen und Epochen auf die Suche nach der Wahrheit begaben, sie schriftlich festhielten und ihr Leben danach ausrichteten.
Sie machten mir meinen Weg um vieles leichter.

Schließlich möchte ich mich noch beim größten aller Lehrmeister bedanken: dem Leben selbst.

INHALTSVERZEICHNIS

EINLEITUNG

Einleitung

Alles begann im August 1990. Ich war neunzehn und studierte Physik an der Harvard Universität in den USA. Zwei Studienkollegen und ich beschlossen, einen Ausflug nach New York zu machen. Es war unser erster Besuch dort, und wir wollten unbedingt die Stadt von oben sehen. Nach einer langen Aufzugs-Odyssee standen wir dann in 246 Metern Höhe auf dem Dach des Pan Am Buildings. Ein Gefühl von Aufregung und Faszination erfüllte uns. Die Aussicht war atemberaubend, und der Anblick der New Yorker Skyline von oben verschlug uns die Sprache. So etwas hatten wir alle noch nie zuvor in unserem jungen Leben gesehen.

Die beiden anderen begannen, unsere persönliche Aussichtsplattform zu erkunden. Meine Aufmerksamkeit aber wurde gänzlich von einem benachbarten Wolkenkratzer angezogen, der zum Greifen nahe schien. Erst später erfuhr ich, dass es sich um das Chrysler Building handelte. Seine Spitze ist mit Chrom verkleidet, so dass sie wie ein gigantischer Spiegel wirkte, in dem sich die tief stehende Nachmittagssonne reflektierte. Dieses in allen Variationen von Gold, Gelb und Orange strahlende Licht zog mich magisch in seinen Bann. Ich war wie hypnotisiert und konnte nicht anders, als in dieses Licht zu starren. Plötzlich veränderte sich meine Wahrnehmung. Ich verlor das Zeitgefühl und spürte meinen Körper nicht mehr. Mein ganzes Sein war von diesem Licht durchdrungen. Es war ein wohlig warmes, von Liebe getragenes Gefühl, wie ich es noch nie zuvor erlebt hatte. Worte reichen nicht aus, um es adäquat zu beschreiben. Ich war zutiefst ergriffen und von einer unbeschreiblichen Freude erfüllt. In diesem Zustand hatte ich Zugang zu einer Erkenntnisebene, die keine Fragen mehr offen ließ. Ich fühlte mich eins mit allem, was ist. Raum und Zeit spielten keine Rolle mehr. Sie waren in mir, wie alles andere, was existierte. Gleichzeitig war ich von einer himmlischen Seligkeit erfüllt, die mir die Tränen über die Wangen laufen ließ. Ich wünschte mir, dieser Zustand würde ewig andauern.

Doch bald darauf spürte ich, wie ich ihn wieder verlassen musste, um in mein altes Ich zurückzukehren. Eine tiefe Trauer überkam mich, als sei ich aus dem Paradies vertrieben worden.

Nach diesem überwältigenden Erlebnis war mein Leben nicht mehr wie vorher. Ich wollte diesen Zustand unbedingt wieder erleben, hatte aber keine Ahnung, wie ich dort hin gelangen konnte. Der Wunsch alleine reichte noch nicht aus. Es fühlte sich an, als stünde eine undurchdringliche Wand zwischen mir und dieser Glückseligkeit. Also machte ich mich auf die Suche. Ich begann, Bücher über Psychologie, Philosophie und Spiritualität zu lesen, reiste um die halbe Welt und sprach mit spirituellen Lehrern aller Traditionen. Ich entwickelte ein Verständnis für das, was ich erlebt hatte, und erkannte, dass das, wonach andere suchten, für mich bereits Wirklichkeit geworden war. In Büchern entdeckte ich, dass schon in vergangenen Zeiten Menschen ähnliche Erfahrungen gemacht hatten wie ich. Sie beschrieben geistige Übungen, mit deren Hilfe man wieder in diesen Zustand gelangen konnte. Also begann ich, mit verschiedensten Meditationstechniken zu experimentieren. So vergingen viele Jahre des Suchens und Studierens. Stück für Stück kam ich der New York-Erfahrung näher, bis ich eines Tages das gleiche Erlebnis wieder hatte, nur dieses Mal zu Hause in meinem Meditationsraum. Seitdem steht mir die Tür in diesen glückseligen Zustand jederzeit offen. Ich habe gelernt, wie der menschliche Geist funktioniert und was die Ursache dafür ist, dass es uns so schwer fällt, tiefes Glück zu erfahren.

In diesem Buch findest du[1] die Essenz dessen, was ich über Jahrzehnte in eigener Seelenarbeit und in der Arbeit mit Menschen gelernt habe. Alles stammt aus unmittelbarer Lebenserfahrung und bewährt sich jeden Tag aufs Neue, nicht nur in meinem Leben, sondern auch für die Menschen, die mit mir diesen Weg gegangen sind.

Mit diesem Buch möchte ich die Erkenntnisse, die ich auf meinem Weg gewonnen habe, anderen zugänglich machen. Das ist möglich, denn unser Denken und Fühlen folgt gewissen Gesetzmäßigkeiten, die jedem Menschen zu eigen sind. Wer über sie Bescheid weiß, kann diese Mechanismen bewusst zur Überwindung alter Grenzen einsetzen und zu mehr Frieden und Erfüllung finden. Wenn du dieses Buch liest und dich darauf einlässt, kann es dir den Weg zu tiefem, wahrem Glück zeigen.

Du wirst den Wirkmechanismus des »autoaktiven Verstandes« kennenlernen, der dich wie eine unsichtbare Wand davon abhält, dich selbst zu leben und somit wahres Glück zu erfahren. In einem 21-Tage-Übungsprogramm lernst du, wie du diese Wand Schritt für Schritt abbauen kannst und somit Zugang zu der in dir bereits angelegten Kraftquelle erhältst.

Zahlreiche Erfahrungsberichte helfen dabei, das geistige Wissen anschaulich darzustellen. Im Weiteren gehe ich

---

[1] Da in diesem Buch die Seele direkt angesprochen wird, habe ich das persönlichere »du« als Anrede gewählt.

auf konkrete Fragen ein, die mir von Menschen gestellt wurden, welche sich auf diesen Weg begeben haben.

Jedem Kapitel ist ein Zitat vorangestellt, um zu verdeutlichen, dass andere Sucher, quer durch alle Epochen, Kulturen, Religionen und Traditionen, zu den gleichen Einsichten gelangt sind. Dieses Buch kann als die Essenz aller Religionen und Weisheitslehren gesehen werden.

Jeder kann diesen einfachen und wirksamen Weg gehen. Dazu brauchst du keine besonderen Vorkenntnisse oder Begabungen. Es spielt auch keine Rolle, welcher Religion oder Tradition du folgst, ob du an die Wissenschaft glaubst oder an »gar nichts«. In erster Linie bist du Mensch und somit hast du alles bereits in dir. Niemand kann dich etwas lehren, das du nicht tief in dir bereits kennen würdest. Ich kann dich mit Hilfe dieses Buches lediglich an das erinnern, was du vergessen hast.

Deine innere Quelle ist der Ursprung positiver emotionaler Energie. Darüber hinaus fließt dir aus ihr auch nützliches Wissen zu, das passend auf deine aktuellen Erfordernisse zugeschnitten ist. Hier findest du Zugang zu Antworten auf alle wichtigen Fragen, denn all das ist bereits tief in dir vorhanden.

Ich möchte dir empfehlen, dieses Buch nicht nur mit dem Verstand allein zu lesen. Höre auch auf die Stimme deines Gefühls. Sie führt dich oft in tiefere Erkenntnisbereiche, die dem Verstand nicht zugänglich wären.

Kapitel 1

Du bist nicht dein Verstand

*»In des Menschen Tiefe ruht die Möglichkeit
eines Mitwissens mit dem Ursprung.
Ist die Tiefe verschüttet,
gehen die Wogen des Daseins darüber hin,
als wenn sie gar nicht wäre.«*

Laotse

Der autoaktive Verstand

Der Verstand hat in unserer westlichen Kultur einen hohen Stellenwert. Der französische Philosoph René Descartes formulierte 1637 den berühmten Satz »Cogito ergo sum«, »Ich denke, also bin ich«. Damit setzte er das Denken mit dem Sein gleich. Der Mensch wird also über sein Denken definiert. Dieser Grundsatz prägt unsere Zivilisation bis heute. Eine entsprechend hohe Priorität räumen wir dem Lernen, der Ausbildung und der Wissenschaft ein. Unser Verstand wird von Kindesbeinen an regelrecht trainiert. Jede Form von Technologie, von Fahrzeugen über Gebäude bis hin zu Computern und Smartphones, ist Produkt des menschlichen Verstandes. Wir leben in einer verstandesorientierten Welt, aber heißt das auch gleichzeitig, dass wir lediglich Verstand sind? Was ist mit den seltenen Momenten, in denen wir nicht denken? Hören wir dann auf zu sein?

Versuche es selbst: Setze dich aufrecht hin, schließe deine Augen und versuche, eine Minute lang an nichts zu denken. Lasse deinen Verstand für eine Minute ruhen, ohne einen einzigen Gedanken zu verfolgen.

Ist es dir gelungen? Vielleicht hast du bemerkt, wie seltsam schwer dir das gefallen ist. Vielleicht kamen Gedanken über Dinge, die du noch zu erledigen hast, oder dir ist aufgefallen, dass es an manchen Stellen des Körpers zwickt, oder du hast dich gefragt, welchen Sinn diese Übung haben soll. Wenn dir während dieser einen Minute diese oder ähnliche Gedanken durch den Kopf gegangen sind, dann hast du soeben deinen autoaktiven Verstand kennengelernt. Er hält es nicht aus, wenn nichts gedacht wird. Deswegen beginnt er autoaktiv, also von selbst, zu denken. Ob die Gedanken wirklich notwendig oder gewünscht sind, spielt für ihn dabei keine Rolle. Wenn du sagst, »jetzt ist Zeit für Ruhe«, kommt der autoaktive Verstand und sagt, »jetzt ist meine Zeit zu denken«. Er fragt nicht lange, ob du das überhaupt willst. Er führt ein gewisses Eigenleben in deinem Geist. Das ist der Grund, warum gerade in Zeiten der geplanten Entspannung, wie zum Beispiel im Urlaub, das Gedankenkarussell erst so richtig in Schwung kommt.

Hast du schon einmal erlebt, dass du bei der Lektüre eines Buches plötzlich bemerkst, dass du einen ganzen Absatz zwar gelesen, aber den Inhalt nicht bewusst aufgenommen hast? Die Mechanik des Lesens ist einfach weiter gelaufen, während dein autoaktiver Verstand ganz still und heimlich die Aufmerksamkeit auf sich gezogen hat. Oder vielleicht hast du schon einmal Tennis gespielt und folgendes Phänomen erlebt: Du bekommst einen langsamen Ball zugespielt, der dir eigentlich keine großen Probleme bereiten sollte. Du hast viel Zeit, um zu entscheiden, was du mit ihm anfangen willst, und trotzdem schlägst du ihn ins Netz oder ins Out. Unter Tennisspielern sagt man dann: »Ich hatte zu viel Zeit zum Nachdenken.« In Bruchteilen einer Sekunde kann der autoaktive Verstand die Kontrolle über deinen Geist übernehmen und somit deine Konzentrationsfähigkeit stören.

Der autoaktive Verstand unterscheidet sich wesentlich vom analytischen Verstand. Dieser ist unser hilfreiches Werkzeug, mit dem wir im Alltag zielorientiert Probleme lösen, die logisches Denken erfordern. Der analytische Verstand wird an den Schulen und Universitäten trainiert, er treibt die Wissenschaft voran und entwickelt Technologien, die uns das Leben erleichtern. In einem kleinen Gerät wie einem Smartphone steckt die Verstandesleistung eines ganzen Heeres von Menschen. Wir benutzen den analytischen Verstand dann, wenn wir ihn brauchen. Wir »schalten ihn ein«, um ein Problem zu lösen, und dann schalten wir ihn wieder ab, wie ein Werkzeug, das wir in die Hand nehmen und wieder weglegen, sobald die Aufgabe erledigt ist.

Aber was ist in den Phasen, in denen wir nicht gerade eine konkrete Aufgabe lösen, wenn wir also den analytischen Verstand abgeschaltet haben? Ist dann Ruhe im Kopf? Meistens nicht, denn dann meldet sich der autoaktive Verstand und beschäftigt uns mit Gedanken, die wir so gar nicht bestellt haben. Oft ist er so dominant, dass er den analytischen Verstand in seiner Arbeit beeinträchtigt und sogar verdrängt. Wir sagen dann: »Wir haben jetzt den Kopf nicht frei, um etwas Bestimmtes zu tun.« Spätestens dann wird der autoaktive Verstand zum Problem.

Der autoaktive Verstand erzeugt unentwegt oberflächliche Gedanken und hindert dich so daran, mit deinem wahren Selbst in Verbindung zu treten.

*»Wer nach außen schaut, träumt.
Wer nach innen schaut, erwacht.«*

Carl Gustav Jung

Dein Geist ist wie ein See

Du kannst dir die Funktionsweise deines Geistes wie einen See vorstellen. Am Grunde des Sees findest du alles, was du in deinem Leben bisher vielleicht schmerzlich vermisst hast, alles, was dir Erfüllung schenken könnte. Dort liegt deine Schatzkiste, gefüllt mit Inspiration, Frieden, Liebe, Klarheit und Kraft. Du kannst diesen Schatz jedoch noch nicht sehen, ja, du ahnst vielleicht nicht einmal, dass er überhaupt existiert. Der Grund dafür ist, dass dir der Blick darauf verschleiert ist. Die Oberfläche des Sees ist so unruhig, dass du nicht bis auf den Grund sehen kannst. Du erkennst nur die Reflexionen der zahllosen Wellen. Das ist dein autoaktiver Verstand. Er hält dich davon ab, wirklich du selbst zu sein. Du fühlst dich vielleicht getrennt und unvollständig. Irgendetwas fehlt in deinem Leben, aber du weißt nicht einmal genau, was es sein könnte. Vielleicht ahnst du, dass am Grunde des Sees etwas Wertvolles für dich verborgen liegt, weißt aber nicht, wie du an den Schatz herankommen kannst. Also suchst du lieber in der Außenwelt nach der Erfüllung, nach der du dich so sehr sehnst. Manchmal findest du etwas, das dich glücklich macht, doch es ist niemals wirklich von Dauer. Immer wieder stellt sich nach einiger Zeit eine unerklärliche Leere ein. Vielleicht fragst du dich jetzt: »Was wäre denn, wenn die Oberfläche des Sees still wäre? Was wäre, wenn ich in die Tiefe blicken könnte? Was würde ich dort entdecken?«

In dir scheint es zwei Bewusstseinsebenen zu geben, eine oberflächliche und eine tiefgründige. Sie durchdringen sich gegenseitig und wechseln sich in deiner Alltagserfahrung ab, je nachdem, wo du mit deiner Aufmerksamkeit gerade bist. Dieser Prozess läuft so schnell und in der Regel unkontrolliert ab, dass du dir dessen gar nicht bewusst wirst. Mal bist du auf der einen Ebene, mal auf der anderen, je nachdem, wo dich äußere Reize oder deine Gedanken gerade hinführen. Du erlebst dich als eine bunte Mischung von Gefühlen und Gedanken. Dein Innenleben ist wie eine Achterbahnfahrt mit ständigen Aufs und Abs. Es ist jedoch möglich, mehr Klarheit und Kontrolle zu erlangen. Dazu ist es wichtig zu verstehen, wie Gedanken und Gefühle wirklich zusammenhängen.

Dein Bewusstsein ist wie ein See, auf dessen Grund wahre Inspiration, Glück und Erfüllung zu finden sind. Die vielen kleinen Wellen unbewusster Gedankenaktivität verwehren dir jedoch den Blick auf den Grund.

»Das, was du heute denkst, das wirst du morgen sein.«

Buddha

Gedanken, Gefühle und Emotionen

Die geistige Aktivität des Menschen besteht im Wesentlichen aus zwei großen Bereichen: dem Denken und dem Fühlen.

Gedanken kannst du entweder selber denken oder sie kommen unaufgefordert und sind einfach da. Du wirst sozusagen gedacht. Egal, ob deine Gedanken bewussten oder unbewussten Ursprungs sind, sie bestimmen in jedem Fall dein Leben. Oft gedachte Gedanken verdichten sich und werden zum Fundament deines Handelns. Sie sind es, die dein Leben bestimmen. Deswegen ist es so wichtig, dass du dir deiner Gedanken bewusst wirst. Sind es wirklich deine eigenen Gedanken oder wurden sie dir von außen eingeprägt oder eingeflößt? Wenn du von fremden Gedanken infiltriert bist und sie nicht hinterfragst, dann lebst du fast wie ein programmierter Roboter. Du lebst dann nicht wirklich dich, sondern die Vorgaben eines äußeren Systems. So geht es der Mehrheit der Menschen. Sie sind gefangen in einer Tretmühle und merken es nicht einmal. Goethe sagte darüber: »Niemand ist mehr Sklave, als der sich für frei hält, ohne es zu sein.« Willst du also frei sein, musst du Klarheit über deine Gedanken erlangen. Behalte die, die deine eigenen sind, und ersetze die, die aus Fremdprogrammierung stammen, durch deine eigenen. Dazu ist Selbstbeobachtung erforderlich. Indem du bewusst deine eigene Gedankenwelt aufbaust, formst du deine individuelle persönliche Realität. Du wirst zu einem freien Individuum, das sein Leben selbst bestimmt. Dadurch gewinnst du Freiheit, und Freiheit ist die unverzichtbare Grundlage für ein glückliches Leben.

Was haben nun die Gefühle damit zu tun? Gedanken stehen mit Gefühlen in unmittelbarem Zusammenhang. Das ist eine ganz fundamentale Erkenntnis, denn wenn du lernst, deine Gedankenkraft bewusst einzusetzen, beginnst du auch, deine Gefühlswelt zu gestalten. Wahres Glück entsteht, wenn du ein beständiges positives Grundgefühl in dir trägst.

Das ist das Ziel dieses Buches. Während Gefühle von dauerhafter Natur sind, sind Emotionen eine eher kurzlebige Erfahrung. Wenn zum Beispiel deine Lieblingsmannschaft ein Tor schießt oder du ein schickes Paar Schuhe findest, erlebst du ein kurzes, aber intensives Glücksgefühl. Positive Emotionen sind schöne Erlebnisse, sie sind die Würze des Lebens, aber langfristig sind sie nicht tragfähig. Das sind nur tiefe Gefühle. Diese drängen sich nicht in den Vordergrund. Sie nähren dich aus einer tiefen Quelle, die in jedem von uns verborgen liegt. Kennst du den Zugang zu dieser Quelle, so kannst du jederzeit daraus schöpfen.

> Jeder Gedanke zieht ein Gefühl nach sich. Die Summe deiner Gedanken formt deine persönliche Realität.

◊

»Verzweiflung befällt zwangsläufig die, deren Seele aus dem Gleichgewicht ist.«

Marc Aurel

Die Dualität der Gefühle

Gefühle sind universell. Sie sind allen Menschen vertraut, unabhängig von Kultur, Religion, Rasse, Tradition, Sprache, Geschlecht oder Hautfarbe. Sie sind das verbindende Element zwischen allen Menschen der Erde. Selbst wenn du die Sprache eines fremden Landes nicht beherrschst, so werden Gefühle wie Liebe, Trauer, Angst oder Freude dennoch überall verstanden. Wenn du viel reist und Kontakt zu anderen Kulturen pflegst, wirst du das bestätigen können.

Die Palette der Gefühle und ihrer kurzlebigen Variante der Emotionen ist breit, aber wir können sie grundsätzlich in zwei große Bereiche einteilen: positiv und negativ. Es gibt Gefühle, die sich gut anfühlen, wie Liebe, Vertrauen, Freude, Harmonie, usw. und es gibt Gefühle, die sich schlecht anfühlen, wie Hass, Angst, Zorn, Wut, Trauer, usw. Der Großteil der Menschen schwankt zwischen diesen positiven und negativen Gefühlswelten je nach Lebenssituation, in der man sich gerade befindet. Vielen geht es wie einer Nussschale auf dem Meer der Gefühle, hin und her geworfen von dem, was einem gerade widerfährt. Es wird dann versucht, die äußeren Umstände dahingehend zu verändern, dass man sich endlich gut fühlen kann. Manchmal gelingt das, oft auch nicht.

Dabei ist jeder Mensch doch ständig auf der Suche nach Glück, aber kaum glaubt er es zu haben, zerrinnt es ihm zwischen den Fingern. Es stellt sich daher die Frage, ob es möglich ist, sich überwiegend im grünen Bereich der positiven Gefühle aufzuhalten, oder ob es unvermeidlich ist, immer wieder in den roten Bereich der negativen Gefühle abzurutschen.

> Es gibt zwei große Klassen von Gefühlen: angenehme und unangenehme.

Kapitel 2

Dauerhaft glücklich sein

»Die Fähigkeit, glücklich zu leben,
kommt aus einer Kraft, die der Seele innewohnt.«

Marc Aurel

Was ist Glück?

Hast du dich schon einmal gefragt, was Glück eigentlich ist? Obwohl wir alle mehr oder weniger bewusst nach Glück streben, fällt es uns schwer, Glück klar zu definieren. Häufig wird Glück an privatem und beruflichem Erfolg festgemacht. Der Traumpartner, ein schnelles Auto, ein schönes Haus, Kinder, Freunde, Karriere sollen uns glücklich machen. Doch Glück ist ein zutiefst inneres Empfinden, also etwas, das gar nicht so viel mit der Außenwelt zu tun hat. Die Glücksforschung verwendet als Arbeitsbegriff »subjektives Wohlbefinden«. Es ist nicht objektiv messbar, sondern etwas, das jeder nur für sich selbst einschätzen kann. Dennoch hat die Glücksforschung eine prägnante und treffende Definition für Glück gefunden:

> Glücklich ist, wer mehr angenehme als unangenehme Gefühle erlebt.

Mit dieser Definition wird es recht einfach, festzustellen, wie glücklich du bist. Du brauchst dich gar nicht damit auseinanderzusetzen, was du besitzt oder was dir fehlt. Ein Blick auf deine Gefühlswelt reicht aus, und du weißt, ob du ein glücklicher Mensch bist oder nicht. Bist du glücklich, so erlebst du dauerhaft positive Gefühle. In der Praxis sieht dein Gefühlsleben vermutlich noch etwas anders aus. Vielleicht fühlst du dich eher wie in einer ständigen Achterbahnfahrt der Gefühle. Mal fühlst du dich glücklich, mal fühlst du dich schlecht. Es fehlt die Beständigkeit. Es geht jetzt also darum, Wege zu finden, wie du dauerhaft im Bereich der positiven Gefühle verweilen kannst, und was du tun kannst, um dich aus einem Bereich negativer Gefühle herauszuholen.

»Sich glücklich fühlen zu können,
auch ohne Glück, das ist Glück.«

Marie von Ebner-Eschenbach

Du entscheidest, wann du glücklich sein willst

Normalerweise denken wir, dass Glück immer von den richtigen äußeren Umständen abhängt. Vielleicht erlebst du es an einem schönen Strand im Urlaub, bei der Geburt eines Kindes, bei der Begegnung mit einem lieben Freund, beim Genuss eines guten Weines oder wenn du einen bewegenden Film ansiehst. Das Glücksempfinden ist dabei immer situationsbezogen. Aber ist das wirklich eine unabdingbare Voraussetzung, um glücklich zu sein? Wenn wir das Glückserleben näher betrachten, so stellen wir fest, dass wir es immer in uns erleben. Davon gibt es keine Ausnahme. Das Gefühl nehmen wir immer tief in unserem Inneren wahr! Nicht der Strand fühlt, nicht die Sonne fühlt, nicht der Film fühlt, ja nicht einmal der liebe Freund fühlt deine Gefühle. Das tust nur du und sonst niemand! Das ist eine ganz wichtige Erkenntnis. Alles, was du jemals in deinem Leben gefühlt hast, gerade fühlst und jemals fühlen wirst, findet allein in deinem Innenleben statt. Dies ist der Schlüssel, um sich emotional von der Außenwelt unabhängig zu machen. Denn es ist ja nicht so, dass von außen immer nur angenehme Gefühle ausgelöst werden. Viele davon wollen wir ja gar nicht empfinden, weil sie einfach nur schmerzhaft sind. Das Leben bringt einfach zu viele unerfreuliche Faktoren mit sich, die uns eher in den Bereich der negativen Gefühle führen. Was also tun?

Betrachten wir die Entstehung eines konkreten Glücksgefühls genauer. Angenommen, du triffst einen lieben Freund. Solange du nicht weißt, dass er kommt, wirst du dich in einem mehr oder weniger neutralen Gefühlszustand befinden. Doch dann erscheint dieser Mensch vor dir. Du siehst seine Gestalt, hörst seine Stimme und spürst ihn bei einer Umarmung. Du nimmst ihn über deine körperlichen Sinne wahr. In diesem Moment wirst du ein deutliches Glücksgefühl spüren.

Der Prozess des emotionalen Empfindens läuft in drei Stufen ab. Zu Beginn steht der Sinneseindruck. Du nimmst ein äußeres Geschehen mit deinen körperlichen Sinnen wahr. Daraus entsteht ein Gedanke in deinem Kopf: »Das ist mein geliebter Freund, wie schön, ihn zu sehen!« Unmittelbar auf den Gedanken folgt das Gefühl. Sinneswahrnehmung führt zu Gedanke, Gedanke führt zu Emotion. Solange es sich um eine angenehme Sinneswahrnehmung handelt, besteht kein Handlungsbedarf. Steht aber keine positive Wahrnehmung zur Verfügung, so heißt das nicht, dass wir deswegen keine positiven Gefühle erleben könnten. Der Versuch, die äußeren Umstände so zu gestalten, dass sie positive Gedanken auslösen und somit glücklich machen, funktioniert manchmal, manchmal auch nicht. Dinge gehen schief und wir ärgern uns und sind traurig, weil das Außen nicht unseren inneren Erwartungen und Hoffnungen entspricht. Obwohl wir immer nach Glück streben, erfahren wir sehr oft Unglück.

Die Lösung für das Dilemma: Es ist möglich, den dreistufigen Prozess von Sinneswahrnehmung, Gedanke und Gefühl abzukürzen, indem man einfach die Voraussetzung der Sinneswahrnehmung weglässt. Um dir das zu verdeutlichen, versuche folgende Übung:

Schließe deine Augen und denke an eine erfreuliche Urlaubserinnerung. Bleibe beständig mit deiner Aufmerksamkeit bei diesem einen Moment und beobachte, was sich dabei auf Gefühlsebene tut. Empfindest du ein wohliges Glücksgefühl?

Was ist passiert? Du hast soeben ein Glücksgefühl erlebt, ohne dafür zuerst einen entsprechenden äußeren Umstand hergestellt zu haben. Du bist nicht am Ort deiner Träume. Du bist immer noch da, wo du zuvor auch schon warst, lesend in diesem Buch. Allein der Gedanke an einen schönen Moment an einem besonderen Ort hat aber in dir ein Glücksgefühl ausgelöst. Du hast dich soeben emotional von den aktuellen äußeren Gegebenheiten unabhängig gemacht, und das allein mit der Kraft deiner Gedanken. Ist das nicht befreiend? Du kannst also zu jeder Zeit an jedem Ort glücklich sein. Es liegt ganz in deiner Hand. Glücklich zu sein ist deine Entscheidung.

> Sämtliche Gefühle werden immer in dir wahr-genommen, niemals außerhalb von dir. Durch die bewusste Kontrolle deiner Gedanken kannst du bestimmen, welche Gefühle du empfindest. Positive Gedanken rufen positive Gefühle hervor.

»Menschen hören nicht auf zu spielen, weil sie alt werden, sie werden alt, weil sie aufhören zu spielen.«

Oliver Wendell Holmes

Was uns Kinder voraus haben

Warum scheinen Kinder glücklicher zu sein als Erwachsene? Sie handeln aus dem Bauch heraus, sie tun, was ihnen gerade in den Sinn kommt. Erwachsene genießen es, Kinder zu beobachten. Wir staunen über die Einfälle, die ihnen scheinbar aus dem Nichts zufliegen. Beobachte einmal, mit welcher Hingabe und innerer Erfüllung sich ein Kind stundenlang mit dem einfachsten Spiel beschäftigen kann. Es ist versunken in seiner eigenen Welt und vergisst alles um sich herum. Wenn Kinder älter werden und der Verstand immer mehr in den Vordergrund rückt, scheinen sie diese Fähigkeit zu verlieren. Die sprudelnde Quelle aus endlosen Ideen scheint zu versiegen.

Was haben Kinder, was Erwachsene meist nicht mehr haben? Der große Unterschied liegt darin, dass bei ihnen der Verstand noch nicht übermächtig geworden ist. Er wurde noch nicht mit äußerem Wissen »überfüttert«. Kinder denken meist auch nicht an die Konsequenzen ihres Tuns. Sie fragen sich nicht wie ein Erwachsener: »Was wird sein, wenn ich das tue? Was kann mir passieren, wenn ich dies tue?« Solange Kinder im Jetzt leben und somit die Unbeschwertheit noch vorhanden ist, machen sie sich auch keine Sorgen. Doch dann kommt der Schulbesuch und mit ihm die extreme Überbewertung des Verstandes. Es ist gut, dass der analytische Verstand entwickelt wird, aber das alleinige Hauptaugenmerk auf die Verstandestätigkeit zu richten, ist übertrieben. Der analytische Verstand ist wichtig, aber er ist nicht alles!

Durch diese Umstände bekommt der autoaktive Verstand unentwegt Nahrung, weil das Training des Verstandes unerbittlich vorangetrieben wird. Das sei ein gesellschaftliches Erfordernis, heißt es, weil man sich nur mit einer guten Ausbildung und einem starken Verstand behaupten könne. Mit dem Erwachsenwerden geht dadurch bei vielen bedauerlicherweise die Spontaneität, der unmittelbare Zugang zur Intuition, verloren. Darunter leiden Kreativität und Lebensfreude. Die gute Nachricht ist: Dieser Prozess ist nicht unumkehrbar. Durch bewusste Arbeit mit unserem Geist können wir die wertvolle Fähigkeit kindlicher Intuition wiederherstellen. Es ist möglich, diese Gabe wieder zu entwickeln, ohne dabei den analytischen Verstand über Bord zu werfen, der ja unsere große Überlegenheit dem Kindesstadium gegenüber ausmacht. Den analytischen Verstand zu vernachlässigen, um die Intuition zu erhalten, wäre nicht der richtige Weg. Dadurch würden wir lediglich Kinder in Erwachsenenkörpern heranbilden.

Auf eine gewisse Art scheint es einen Widerspruch zwischen analytischem Verstand und Intuition zu geben, und das ist auch wirklich so. Für diese beiden Geistesaktivitäten sind zwei verschiedene Gehirnhälften zuständig: Der analytische Verstand sitzt in der linken, die Intuition in der rechten Gehirnhälfte. Wer gerade ein mathematisches Problem löst, dem fällt keine schöne Melodie ein. Denken und Intuition sind offenbar zwei verschiedene Geistesaktivitäten. Intuition funktioniert nur, wenn der Verstand ruht. Von Benjamin Franklin, dem berühmten Erfinder und einem der Gründungsväter der USA, ist überliefert, dass er sich in einen Schaukelstuhl setzte, während er eine Metallkugel in der Hand hielt. Er ließ sich dann in einen Dämmerzustand sinken. In diesen Momenten hatte er die besten Ideen für seine Erfindungen. Lief er Gefahr einzuschlafen, so fiel die Kugel auf den Boden und weckte ihn auf. Er versuchte, einen Schwebezustand zwischen Wachsein und Schlaf zu finden, in dem für ihn die Intuition am besten funktionierte. Der Verstand durfte nicht mehr aktiv sein, da er den Zugang zur Intuition versperrte.

Damit sind wir bei der Hauptursache, welche uns Erwachsenen die Kreativität raubt und uns in einen gleichförmigen, einfallslosen Lebenstrott zwängt:

> Der autoaktive Verstand ist wie ein Nebelschleier, der uns den Blick auf unser unendliches kreatives Potential verwehrt.

Wir sehen uns selbst in unserer Fülle gar nicht mehr. Wenn wir ein glückliches und erfülltes Leben führen wollen, müssen wir uns folgender Herausforderung stellen: Einerseits geht es darum, den analytischen Verstand zu schärfen, um mit ihm ein effizientes Werkzeug an der Hand zu haben, um die Aufgaben des täglichen Lebens zu meistern. Da aber dieser alleine uns nicht glücklich machen kann und auch keine Inspiration zur Gestaltung des Lebens liefert, ist es wichtig, parallel dazu die verschüttete Quelle der Intuition wieder freizulegen, und das ist absolut machbar. Wir können über beide Fähigkeiten gleichermaßen verfügen, wenn wir sie parallel entwickeln und in einen harmonischen Rhythmus miteinander bringen. Wie wir den analytischen Verstand entwickeln, wissen wir. Wir wurden ja von Kindesbeinen an darauf trainiert. Jetzt geht es darum, die Nebel zu lichten, um wieder einen klaren Blick auf das unendliche Reservoir in uns zu bekommen.

> Kinder leben von Natur aus mehr in der Gegenwart als Erwachsene, weil der autoaktive Verstand noch nicht so stark ausgeprägt ist.

»Glück ist kein Geschenk der Götter,
sondern die Frucht innerer Einstellung.«

Erich Fromm

Du bist deines Glückes Schmied

Deine aktuelle Bewusstseinsstruktur mit all ihren einzigartigen Aspekten ist das Resultat deiner bisherigen Erfahrungen, Aktivitäten und Gewohnheiten. Alles, was du erlebt, getan, gedacht und gefühlt hast, hat dein Ich geprägt, so wie es heute ist. Du bist das Produkt deiner persönlichen Vergangenheit. Alles, was du an Überzeugungen in dir gespeichert hast, bestimmt dein gegenwärtiges Handeln. Dein Bewusstsein funktioniert ähnlich wie ein Computer: Zuerst ist nur die Hardware da, also dein Gehirn. Ohne Programme kann die Hardware keine Aufgaben ausführen. Über die Jahre wird durch Bildung, Erziehung, Vorbilder und persönliche Erfahrungen die Software installiert. Du bekommst Input von deiner Umwelt, die dich zu einem bestimmten Verhalten programmiert. Ihr Ziel ist es, dich zu einem funktionierenden Glied des Gesamtsystems zu machen. Dabei nimmt sie kaum Rücksicht auf deine persönlichen Bedürfnisse. Für das Kollektiv ist es nicht wichtig, ob es dir gut geht und du in deiner Rolle glücklich bist. Diese Verantwortung liegt ganz alleine bei dir. Niemand außer dir kann ergründen, was für dich wirklich wichtig ist, was dir Erfüllung gibt, was dein Leben mit Freude füllt. Du bist aufgerufen, dich selbst auf den Weg zu machen, dich in das große Abenteuer der Selbsterkenntnis zu stürzen.

Du kannst damit beginnen, die in dich einprogrammierten Glaubenssätze zu hinterfragen. »Warum denke ich, was ich denke? Warum fühle ich, was ich fühle?« Werde dir bewusst, warum du so bist, wie du bist. Beobachte aufmerksam, was du im Alltag fühlst und denkst. Was dir begegnen wird, bist du in deiner aktuellen Form. All die Freude, all der Zorn, all die Unsicherheit, all die Liebe, die du entdecken wirst, bist du. Manches davon wird dir gefallen. Vielleicht bist du stolz auf deinen Mut oder auf deine Liebesfähigkeit. Manches davon wird dir nicht gefallen. Vielleicht bist du ungeduldig, unausgeglichen oder verzweifelt. Egal, was du wahrnimmst, nimm es erst einmal zur Kenntnis, so wie es ist. Beschönige nichts. Sei ehrlich zu dir selbst, aber sei dir auch bewusst, dass nichts so bleiben muss, wie es ist. Du kannst deine Innenwelt, deine Gedanken und Gefühle nach deinen eigenen Vorstellungen gestalten. So wie du bisher von außen programmiert worden bist, kannst du jetzt zu deinem eigenen Programmierer werden. Es liegt an dir, die Charakterzüge abzulegen, die dir an dir nicht gefallen. Gleichzeitig kannst du Glaubenssätze in dir verankern, die zu dir passen und für dich besonders wichtig sind. Es ist dein gutes Recht, dein Innenleben so zu formen, dass du dich damit wohl fühlst. Niemand sonst kann und wird das für dich tun.

Wenn du auf diese Weise eine Bestandsaufnahme deines Innenlebens vorgenommen hast, kannst du dich daranmachen, es zugunsten von mehr innerem Frieden und Glück zu gestalten. An diesem Punkt kommt das Mentaltraining ins Spiel. Dein Geist ist deinem Körper in einer Beziehung sehr ähnlich: Beide sind trainierbar. Wenn du ins Fitnesscenter gehst, wirst du immer wieder dieselben Übungen wiederholen. Mit der Zeit wirst du feststellen, wie deine Muskeln dadurch wachsen und dein Körper stärker wird. Ähnlich ist es mit deinen geistigen Fähigkeiten. Klarheit, Konzentrationsfähigkeit, Geduld, ja sogar Liebesfähigkeit lassen sich trainieren. In der Folge wirst du lernen, wie es geht und wie du dein noch unentdecktes Potential zur Entfaltung bringen kannst.

> Der Geist ist durch bewusste Auswahl der Glaubenssätze formbar. Klarheit, Konzentrationsfähigkeit, Selbstvertrauen, ja sogar Liebesfähigkeit und Glücksempfinden lassen sich durch Übung steigern.

Kapitel 3

Erste Übungswoche: Kerzenmeditation

*»Laß deinen Geist still werden wie einen Teich im Wald.
Er soll klar werden, wie Wasser, das von den Bergen fließt.
Laß trübes Wasser zur Ruhe kommen, dann wird es
klar werden, und laß deine schweifenden Gedanken und
Wünsche zur Ruhe kommen.«*

Buddha

Die Oberfläche des Sees glätten

Die folgenden einfachen Übungen helfen dir, den autoaktiven Verstand zu beruhigen und Zugang zu deinem
inneren Potential zu erhalten. Sie bauen aufeinander
auf und sind sehr kurz gehalten, damit du sie leicht in
deinen Alltag integrieren kannst. Am besten wirken
sie, wenn du sie regelmäßig praktizierst. Die Übungen
scheinen auf den ersten Blick ziemlich einfach zu sein,
doch solltest du ihre Wirkung nicht unterschätzen.
Schon nach wenigen Tagen wirst du die ersten Effekte
verspüren.

Solltest du kein Meditationsanfänger sein und
schon einer regelmäßigen spirituellen Praxis folgen, so bitte ich dich, für die nächsten drei Wochen
mit all deinen gewohnten Übungen zu pausieren.
Lasse dich ganz auf das Übungsprogramm ein
und nutze die Chance, etwas ganz Neues zu entdecken.

>*Die ganze Welt ist Heimat,*
wenn du in deinem Herzen wohnst.«

Andreas Tenzer

Dein ganz persönlicher Meditationsplatz

Alle wichtigen Elemente deines Lebens haben ihren Platz, sowohl zeitlich als auch räumlich. Gekocht wird in der Küche, gearbeitet im Büro, geschlafen im Schlafzimmer. Dein Leben folgt einem äußeren Rhythmus. Gib auch deinem geistigen Leben einen Rhythmus. Wie alle anderen Aktivitäten braucht es eine Zeit und einen Ort. Suche dir in deiner Wohnung oder in deinem Haus einen ruhigen und ungestörten Platz, der nur für dich und deine geistigen Übungen reserviert ist. Nutze einen Meditationshocker oder einen Meditationsstuhl, auf dem du mit aufrechter Wirbelsäule sitzen kannst. Dies ist dein persönlicher Meditationsplatz, an den du dich jederzeit zurückziehen kannst und der ab jetzt dein persönliches Heiligtum ist. Niemand anderer soll diesen Platz benutzen, damit er ganz allein deine Energie trägt.

Reserviere in deinem Tagesablauf zwei Zeitfenster, die nur für dich und deine Übungen bestimmt sind, eines am Morgen und eines am Abend. Es ist wichtig, dass du dir diese zeitliche und räumliche Oase der Harmonie und des Friedens in deinem Alltag gönnst und auch freihältst. Wenn du in einer Familie lebst, so waren alle schon auf deinen bisherigen Lebensrhythmus eingestellt und müssen sich erst an die neuen Verhältnisse gewöhnen. In der Umstellungsphase mag das nicht leicht sein, aber erinnere dich dann daran, dass alles, was du dir Gutes tust, auch deinen Liebsten und Nächsten zugutekommt. Teile ihnen sanft, aber bestimmt mit, dass du für kurze Zeit von nichts und niemandem gestört werden willst. Wenn nötig, kannst du auch schon Kinder darum bitten, sich in der Zwischenzeit selbst zu beschäftigen. Denke daran, dass gerade diese am meisten von einem ausgeglichenen Elternteil profitieren werden. Nach deiner Übung gehst du ja wieder mit all deinen Sinnen nach außen und erfüllst deine Aufgaben in der Welt, aber diese kurzen Zeiten sind ganz allein für dich bestimmt. Dafür muss genauso Zeit sein wie für die anderen Lebensbereiche. Es wird nicht lange dauern, und dein Umfeld wird sich daran gewöhnen, ja, es wird von dir vielleicht sogar erwarten, dass du dich an deinen eigenen Ablauf hältst. Wenn du einen Termin versäumst, kann es dir sogar passieren, dass du gefragt wirst: »Hast du heute gar nicht meditiert?« Wenn du das erlebst, dann bist du schon gut auf dem Weg.

> Dein Meditationsplatz ist die Oase, wo du dir selbst begegnen kannst.

*»Es ist besser, ein einziges kleines Licht anzuzünden,
als die Dunkelheit zu verfluchen.«*

Konfuzius

Die Kerzenmeditation

1. Stelle an deinem Meditationsplatz eine Kerze auf, etwa einen Meter vor dir und etwas unter Augenhöhe.
2. Zünde die Kerze an und setze dich aufrecht hin, so dass du entspannt auf die Kerze blicken kannst.
3. Halte deine Augen leicht geöffnet und blicke in die Kerzenflamme.
4. Lasse alle Gedanken kommen und wieder ziehen wie Wolken am Himmel. Erlaube deinem Geist, leer zu werden. Erlaube den Gedankenwellen, auszuschwingen. Erlaube dir, ruhig und klar zu werden wie ein stiller See. Richte deinen Blick beständig auf die Kerzenflamme. Sollte er abschweifen, was unweigerlich passieren wird, so nimm es einfach nur wahr und kehre sanft wieder mit dem Blick zur Flamme zurück.
5. Löse dich nach fünf Minuten wieder aus der Übung, indem du ein paar tiefe Atemzüge nimmst.
6. Führe diese Übung jeden Tag einmal am Morgen und einmal am Abend für mindestens fünf Minuten aus. Wenn du keine Schwierigkeiten hast, fokussiert zu bleiben, kannst du die Zeit gerne auf zehn Minuten verlängern. **Mäßig, aber regelmäßig zu üben ist besser als übermäßig und unregelmäßig.**

Dein autoaktiver Verstand wird sich dabei wie ein kleines Kind verhalten, das ständig an dir zerrt und sagt: »Komm, lass uns da hingehen! Komm, lass uns dort hingehen!« Ärgere dich nicht, wenn er dich wieder einmal um den Finger wickelt. Wenn du dich ärgerst, wirst du aus deiner Mitte gerissen. Das ist genau das Gegenteil von dem, was du anstrebst. Du willst in dir ruhen. Deswegen kehre immer wieder mit deinem Blick zum Kerzenlicht zurück und verweile in Gedankenstille. Indem du dem autoaktiven Verstand die Aufmerksamkeit mehr und mehr entziehst, nimmst du ihm die Energie, dich abzulenken. Über die nächsten Tage und Wochen wirst du feststellen, wie es dir immer leichter fallen wird, die innere Stille zu halten. Du wirst es als große Entspannung erfahren, einmal nicht mehr denken zu müssen. Es ist wie Urlaub für deinen Geist.

Gedankenstille ist wie eine Pflanze, die regelmäßig Licht und Wasser braucht, um zu gedeihen. Wenn sie das bekommt, wächst sie ganz von selbst. Es ist nicht nötig, an ihr zu ziehen, damit es schneller geht. Zu viel eigener Wille blockiert den Fortschritt, also sei nachsichtig mit dir. Es sollte sich für dich wie ein müheloser Fluss anfühlen. Je länger es dir gelingt, in Gedankenstille mit dem Blick auf der Kerzenflamme zu verweilen, desto besser.

> Die Kerzenmeditation bildet das Fundament für die folgenden Übungen. Je ruhiger, klarer und fokussierter dein Geist ist, desto besser können diese ihre Wirkung entfalten.

>>*Zum Glück brauchst du Freiheit,
zur Freiheit brauchst du Mut.*<<

Perikles

Stille erfordert Mut

In den Phasen, in denen es dir gelingt, Gedankenstille zu erreichen, wirst du eine besondere Erfahrung machen. Du fühlst plötzlich eine ungeahnte Art von Freiheit. Einengende Beschränkungen scheinen wegzufallen, du scheinst dich irgendwie auszudehnen. Du erlebst, wie es sich anfühlt, wenn deine Seele die Ketten des autoaktiven Verstandes abwirft. Doch so schön das Gefühl auch ist, es mag für dich anfangs vielleicht auch etwas unheimlich sein. Du weitest dich aus und fühlst dich frei, aber gleichzeitig hast du eine vage Angst davor. Was passiert als nächstes? Wo führt das hin, wenn ich mich immer mehr ausdehne? Wer bin ich denn noch, wenn ich meine gewohnten Beschränkungen abwerfe?

Der autoaktive Verstand definiert die Grenzen deiner Persönlichkeit. Er sagt dir immer wieder, wer du bist, was du kannst und was du nicht kannst. Für deine Seele hingegen spielt diese Selbstidentifikation keine Rolle. Sie will einfach nur frei sein. Durch das Deaktivieren des autoaktiven Verstandes lösen sich alle selbst gesetzten Schranken auf, zumindest für ein paar Minuten. Dein Ich verliert dadurch etwas an Orientierung. Deine raum- und zeitlose Seele kann sich endlich ausdehnen. Sie tut das automatisch, sobald ihr die Fesseln abgenommen werden. Das ist ihre Natur. Dein Ich mag diesen Prozess nicht, denn es glaubt, sterben zu müssen. Aber keine Angst: Weder du wirst sterben noch dein Ich. Es wird lediglich für ein paar Minuten außer Kraft gesetzt, damit deine Seele auftanken kann. Nach der Übung kehrt dein Ich wieder zurück und kann seinen gewohnten Beschäftigungen nachgehen. Wenn du darüber Bescheid weißt, kannst du dich bedenkenlos in dieses Gefühl der Entgrenzung hineingleiten lassen. Es kann dir nichts passieren. Genieße den positiven, befreienden Effekt, der damit verbunden ist. Deine Seele wird es dir danken. Es braucht eine kleine Portion Mut, dich fallen zu lassen, aber hast du dich erst einmal überwunden, ist es ein wunderbares Gefühl.

Es ist, als ob du mit einem Fallschirm aus dem Flugzeug springst. Kurz vor dem Sprung kommt die Angst, die dich zurückhalten will. Doch du weißt, dass alles gut ist und du in Sicherheit bist. Sobald du dich überwunden hast und springst, erlebst du ein überwältigendes Gefühl von Freiheit. Das ist der Lohn für deinen Mut. Genauso ist es in der Meditation. Erlaube dir, den autoaktiven Verstand loszulassen, und lasse dich in dich selbst fallen. Beobachte, was passiert, und genieße die Erfahrung.

> In die Stille zu gehen erfordert, über deinen inneren Schatten zu springen. Der Lohn dafür ist ein Gefühl von Freiheit, Leichtigkeit und Freude.

»Den Puls des eigenen Herzens fühlen.
Ruhe im Innern, Ruhe im Äußern.
Wieder Atem holen lernen, das ist es.«

Christian Morgenstern

In dich gehen über den Atem

Wenn der Arbeitstag fordernd und vielleicht auch noch in der Familie viel los war, fällt es dir vielleicht schwer, dich zur Meditation hinzusetzen. Du hast jetzt einfach nicht die innere Ruhe und müsstest erst einmal herunterkommen, um überhaupt in die meditative Stille eintauchen zu können. Die folgende Übung hilft dir dabei.

> Lege dich auf eine Couch oder auf dein Bett. Achte darauf, dass du nicht flach liegst, sondern dass dein Rücken leicht aufgerichtet ist. Dadurch sinkt die Neigung einzuschlafen, was bei dieser Übung vermieden werden soll.
>
> Lege nun deine Hände auf den Unterbauch. Schließe deine Augen und beginne, langsam einzuatmen. Leite dabei die Luft so tief du kannst in deinen Bauchraum hinunter, sodass du mit den Händen spüren kannst, wie sich die Bauchdecke anhebt. Wenn du vollständig eingeatmet hast, halte die Luft an und zähle deine Herzschläge. Die Bauchdecke darf ruhig durch die Luft angespannt sein. Nach sechs Schlägen atme langsam und gleichmäßig aus.

Nimm bewusst wahr, wie die Luft durch deine Nase ausströmt. Atme komplett aus, bis sich deine Hände senken. Halte wiederum die Luft an und zähle deine Herzschläge bis sechs. Die Bauchdecke ist jetzt völlig entspannt. Dann atme gleichmäßig, aber nicht zu schnell, wieder in diesem Rhythmus ein. Wiederhole diesen Zyklus für etwa zehn Minuten.

Diese Übung hat mehrere positive Effekte: Deine Bauchatmung wird deutlich verbessert. Dein Lungenvolumen vergrößert sich, wodurch viel mehr Sauerstoff in dein Blut gelangt. Die Herz- und Atemfrequenz verringert sich. Du wirst einen tiefen Entspannungszustand erleben. Nebenbei werden dadurch die Verdauungsorgane massiert und besser durchblutet.

Indem du mit deiner Aufmerksamkeit bei deiner Atmung und deinem Herzschlag bleibst, beruhigst du deine Emotionen und deinen autoaktiven Verstand. Du wirst im wahrsten Sinne des Wortes »in dir ruhen«. Mit nur einer einfachen Übung werden Körper und Geist gleichzeitig entspannt. Du wirst dir wünschen, dass dieses Gefühl gar nicht mehr aufhört. Besonders nach einem anstrengenden Tag oder wenn du aus irgendeinem Grund innere Unruhe verspürst, wirkt diese Übung wahre Wunder. Wenn du willst, kannst du sie weiter intensivieren, indem du die Anzahl der Herzschläge auf sieben oder acht erhöhst. Bei längerem Üben kann es sein, dass du in einen Trancezustand kommst, der sich anfühlt, als würdest du schweben. Ein wunderbares Gefühl!

Wenn dir die innere Ruhe zur Meditation fehlt, kannst du dich über den Atem wieder in deine Mitte bringen.

Fragen zur Kerzenmeditation

Ich habe nicht immer eine Kerze zur Hand. Wie kann ich diese Übung ohne Kerze machen?

Das Kerzenlicht ist eine äußere Entsprechung für dein inneres Licht und damit das optimale Symbol. Du kannst als Alternative zur Kerze auch einen Punkt an der Wand nehmen oder ein anderes, klar definiertes Objekt. Achte jedoch darauf, dass es keinen gedanklichen Inhalt trägt wie ein Buch oder ein Bild. Es geht nicht darum, über etwas nachzusinnieren oder in schönen Gedanken zu schwelgen. Das Ziel ist, innerlich rein und klar zu werden.

Ich bin es gewohnt, mit geschlossenen Augen zu meditieren. Warum sollte ich die Augen offen halten?

Die Gefahr, dass du abdriftest, ist wesentlich größer, wenn du deine Augen schließt. Ehe du dichs versiehst, wird der autoaktive Verstand wieder das Kommando übernehmen. Die Kerzenflamme ist immer da. Ihr ist es egal, ob du abschweifst oder nicht. Sie leuchtet beständig und wird dich daran erinnern, was du dir vorgenommen hast. Genauso beständig, wie ihr Licht ist, genauso beständig sollte dein Fokus sein: ruhig, klar, unerschütterlich.

Kann ich auch im Liegen meditieren? Das wäre für mich angenehmer.

Wenn du liegst, signalisierst du deinem Körper, dass es jetzt Zeit zum Ausruhen oder sogar zum Schlafen ist. Er wird beginnen, die Wachheit zu reduzieren. Das ist keine gute Voraussetzung für eine gelungene Meditation. Dösen oder Schlafen ist keine Meditation. Wenn die Wirbelsäule aufrecht ist, weiß der Körper, dass es Zeit zum Wachsein ist.

Mein Körper schmerzt beim Sitzen. Was soll ich tun?

Körperliche Schmerzen stören die Meditation. Sie ziehen die Aufmerksamkeit auf sich und verhindern somit die Fokussierung auf deinen Geist. Daher ist es wichtig, eine für dich schmerzfreie Position zu finden. Sei dabei kreativ und nutze eventuell Kissen oder Nackenrollen, um deinen Rücken zu entlasten. Du musst nicht im Lotussitz verharren, um gut meditieren zu können. Ein Stuhl, in dem du aufrecht, aber bequem sitzen kannst, ist vollkommen ausreichend. Du hast die optimale Sitzposition gefunden, wenn du den Körper so gut wie gar nicht mehr spürst. Das Ziel ist, die Körperlichkeit zu transzendieren und sich im Geistigen zu verankern.

Wie lange sollte ich meditieren?

Die Kerzenmeditation ist eine hochwirksame Übung. Schon fünf Minuten haben deutlich spürbare Effekte zur Folge. Ein guter Richtwert sind fünf bis fünfzehn Minuten. Nimm dir eine konkrete Zeitspanne vor, die für dich gut machbar ist, damit du sie auch über längere Zeit täglich durchführen kannst.

Woher weiß ich, wie viel Zeit vergangen ist?

Du kannst dir eine Uhr in der Nähe der Kerze aufstellen. Sei dir bewusst, dass der autoaktive Verstand die

Zeitfrage für sich benutzen wird. Fragen wie: »Wie lange muss ich noch meditieren? Ist die Zeit schon abgelaufen?« usw. werden dir in den Sinn kommen. Lasse dich nicht vom autoaktiven Verstand austricksen. Bleibe lieber in der Übung, als zu oft die Zeit zu überprüfen. Es geht nicht darum, die Zeit sekundengenau einzuhalten. Es ist besser, du übst ein paar Minuten zu lange, als alle dreißig Sekunden zu überprüfen, ob die Zeit schon vorüber ist.

Soll ich mir einen Wecker stellen?

Wenn der Alarmton sanft ist, kannst du das machen. Auf keinen Fall sollst du mit einem Schrecken aus der Meditation gerissen werden.

Kann ich »zu viel« meditieren?

Nein, die Meditation kann dir in keiner Weise schaden. Ich habe diese Meditation schon bis zu einer Stunde am Stück praktiziert. Dadurch werden die positiven Effekte wie verbesserte Konzentrationsfähigkeit, höhere Präsenz, stärkere Anbindung an die eigene Intuition und mehr innere Ruhe lediglich gesteigert.

Kann das Kerzenlicht meinen Augen schaden?

Nein, dazu ist es viel zu schwach.

Ich praktiziere seit einiger Zeit diese Übung. Seither überschlagen sich die Ereignisse in meinem Leben. Kann das damit zu tun haben?

Die Übung ist äußerst effektiv. Sie ermöglicht seelischen

Prozessen, die gerade anstehen, in Gang zu kommen. Das ist positiv zu sehen, denn jetzt kommt dein Leben wieder in den Fluss.

Es fällt mir sehr schwer, meine Gedanken bewusst zu lenken. Wenn ich Schwierigkeiten in meiner Arbeit habe oder es Unstimmigkeiten zu Hause gibt, dann muss ich immer an diese unangenehmen Dinge denken. Sie drängen sich mit einer unbändigen Kraft auf und setzen sich über meine guten Absichten hinweg, meine Gedanken auf Positives zu richten. Je länger das so geht, desto schlechter fühle ich mich. Wenn ich nicht in meiner Mitte bin, gelingt es mir auch nicht, Gedankenstille zu erreichen. Selbst in der Kerzenmeditation drängen sich dann immer wieder diese negativen Gefühle aus dem Alltag auf. Ich weiß nicht, wie ich damit umgehen soll.

Manchmal befinden wir uns in einem kräftigen Sog, der unsere Gedanken so stark anzieht, dass wir dagegen scheinbar machtlos sind. Je länger wir in diesem Sog der negativen Energie bleiben, desto stärker wird er, weil er durch die Aufmerksamkeit, die er bekommt, genährt wird. Die folgerichtige Lösung wäre, die Aufmerksamkeit davon wegzulenken, um diesem Teufelskreis die Energie zu entziehen. Genau da liegt das Problem, weil es dir ja so schwerfällt, die Aufmerksamkeit davon abzuziehen. Stille Meditationstechniken wie die Kerzenmeditation helfen dir hier nicht weiter, weil du innerlich so aufgewühlt bist, dass du erst gar nicht in die Stille kommst. Aber es gibt noch ein weiteres Mittel, welches dich auf andere Gedanken bringen kann:

Sorgen, Ängste, Wut oder Ärger werden durch das fortwährende Denken an ihre Ursache verstärkt. Um diese Fixierung zu lösen, brauchst du etwas, das deine Aufmerksamkeit genauso stark anzieht, nur in die entgegengesetzte Richtung. Am besten wirken hier aktive und kreative Tätigkeiten. Welche das genau sind, hängt von deinen individuellen Vorlieben ab. Es sollte etwas ganz Praktisches sein wie zum Beispiel einen Kuchen zu backen. Ablenkend wirken auch ein Gespräch mit Freunden, ein gutes Buch oder die Beschäftigung mit deinen Kindern. Wenn du eine besondere Liebe zur Natur hast, dann ist die Pflege eines Gartens für dich eine wunderbare Möglichkeit, dich zu fokussieren und wieder in die innere Harmonie zu bringen. Dabei ist die aktive schöpferische Tätigkeit wirkungsvoller als die passive. Einen Text zu schreiben ist effektiver, als einen Text zu lesen. Ein Bild zu malen ist effektiver, als eines zu betrachten. Nichts fokussiert den menschlichen Geist so sehr wie der aktive Schaffensprozess, und nichts erfüllt mit so viel Freude, wie etwas aus eigener Kraft geschaffen zu haben. Diesen Effekt kannst du dir zunutze machen, um Herr über deine Gedanken und somit über deine Gefühle und dein Leben zu werden.

Egal, welche Tätigkeit du für dich als passend auswählst, achte darauf, dass es etwas ist, das du jederzeit ohne großen Aufwand tun kannst. Es soll kein Hindernis geben, das dich davon abhält. Schließlich geht es darum, jederzeit etwas an der Hand zu haben, um wieder in den Bereich positiver Energie zu kommen, wenn alle anderen Mittel versagen.

Die Kerzenmeditation hilft mir, mich aus der Alltagswelt herauszuholen und ganz zu mir zu kom-

men. Das fühlt sich sehr gut an, weil ich mich so von Dingen im Leben fernhalte, die sich nicht gut anfühlen. Da geht es zum Beispiel um ein gesundheitliches Problem oder um Schwierigkeiten in einer zwischenmenschlichen Beziehung. Wie gehe ich mit solchen Angelegenheiten um, die ich nicht einfach so ignorieren kann?

Dich immer wieder in die positive Energie zu bringen, ist nicht gleichzusetzen mit einer Verdrängung konkreter Herausforderungen. Natürlich ist es notwendig, sich mit den unangenehmen Tatsachen des Lebens auseinanderzusetzen und nach guten Lösungen dafür zu suchen. Tue, was in deinen Möglichkeiten steht, dann aber löse dich von dem Thema und wende dich wieder deiner inneren Quelle zu.

Ich spüre die positive Wirkung der Kerzenmeditation, muss aber zugeben, dass ich sie dazu benutze, mich nicht mit Angelegenheiten beschäftigen zu müssen, die mir unangenehm sind.

Damit verlängerst du den Einfluss negativer Energie unnötigerweise und machst die Sache schlimmer, als sie wirklich ist. In Situationen, in denen Handlungsbedarf besteht, ist es das Beste, nach einer guten Lösung zu suchen und diese so rasch wie möglich umzusetzen. Damit ist der negative Gedanke aufgelöst und du kannst dich ohne jegliche Verdrängung wieder der positiven Energie zuwenden.

Den Blick kann ich über lange Zeit auf die Kerze halten, aber meine Gedanken rasen dabei noch mehr als

sonst. Fünf Minuten durchgehend in Gedankenstille zu verharren, ist mir noch nicht gelungen.

Es bricht plötzlich eine Flut an Gedanken über dich herein, obwohl du doch versuchst, in die Gedankenstille zu kommen. Der autoaktive Verstand drängt sich gerade dann besonders in den Vordergrund, wenn du dich daran machst, ihm die Macht über dich zu entreißen. Ich möchte dir eine Hilfe für das nächste Mal geben: Wenn sich das Gedankenkarussell wieder zu drehen beginnt, nimm wahr, welche Gedanken kommen, und schreibe sie auf.

Ich habe getan, was du gesagt hast. Hier die Liste der Gedanken: »Ich müsste jetzt eigentlich das Projekt vorbereiten, das nächste Woche fertig sein soll. Ich darf nicht vergessen, Anna anzurufen. Ich muss das Paket noch zur Post bringen. Wozu mache ich das hier überhaupt? Ich fühle gar nichts. Ich habe die Katze noch gar nicht gefüttert.«

Unter diesen Gedanken sind einige durchaus sinnvoll. Es geht um Dinge, die du noch zu erledigen hast. Hier ein Tipp: Lege dir einen Notizblock neben deinen Meditationsplatz. Darin notierst du kurz, was du nach der Meditation zu erledigen hast. So nimmst du dem autoaktiven Verstand das Futter. Mit der Zeit gibt es immer weniger, woran er glaubt, dich erinnern zu müssen. Die anderen Gedanken kannst du getrost kommen und gehen lassen.

Manchmal gelingt es mir für Bruchteile einer Minute, wirklich in Gedankenstille zu verharren. Das fühlt sich sehr befreiend an. Endlich ist mal Ruhe im Kopf.

Entspannung pur. Ich möchte dieses wohlige Gefühl länger genießen, aber dann schweife ich immer wieder ab. Darüber ärgere ich mich und falle ganz aus der inneren Ruhe.

Das ist zu Beginn ganz normal. Achte darauf, dich von nun an nicht mehr zu ärgern, wenn du wieder einmal abschweifst. Das ist, wie einen Stein in den See des Bewusstseins zu werfen. Es entstehen Wellen, die den inneren Frieden stören. Nimm stattdessen deinen autoaktiven Verstand wie ein Kind fest an die Hand und sage ihm, dass er jetzt noch ein bisschen ruhig sein muss. Später ist er wieder dran. Gehe geduldig mit dir um. Der Erfolg wird sich nach kurzer Zeit einstellen und deine Konzentrationsfähigkeit wird sich verlängern.

Kapitel 4

Leben aus deiner Mitte heraus

> *»Im Leben gibt es einen Moment,*
> *nachdem man viel gearbeitet hat,*
> *wo die Formen und Bilder von selbst kommen;*
> *man braucht sich gar nicht drum zu kümmern -*
> *alles kommt von selbst.«*

Pablo Picasso

Intensiver genießen

Ein deaktivierter autoaktiver Verstand hat viele positive Auswirkungen. Eine davon ist, lustvolle Erlebnisse intensiver genießen zu können. Wenn du zum Beispiel Musik hörst, die dir gefällt, dann wird dadurch deine Aufmerksamkeit gefesselt und fokussiert. Der autoaktive Verstand findet weniger Raum, um sich breitzumachen. Stattdessen kann die emotionale Energie, die durch die Musik transportiert wird, besser in dich einfließen. Die Folge ist ein positiver Effekt auf deine Gefühle. Das ist der Grund, warum Musik weltweit von jeher so beliebt ist.

Hier sei auch erwähnt, dass manche Drogen, wie zum Beispiel Alkohol, die blockierende Wirkung des autoaktiven Verstandes abschwächen. Daraus erklärt sich, warum man sich unter Alkoholeinfluss oft heiter, entspannt und fröhlich fühlt. Damit einher geht häufig eine Phase der gesteigerten Kreativität, weswegen Künstler gerne zur Flasche greifen. Die positiven Effekte nehmen natürlich rasch wieder ab, sobald der Alkohol aufhört zu wirken. Was bleibt, sind die bekannten negativen Auswirkungen auf die Gesundheit. Deswegen ist von jeglicher Form von

Drogenmissbrauch abzuraten. Außerdem gibt es viel effektivere Methoden, den autoaktiven Verstand zur Ruhe zu bringen, und das ganz ohne schädliche Nebenwirkungen.

Vielleicht spielst du selbst ein Instrument oder gehst einem anderen kreativen Hobby nach wie dem Malen oder Gärtnern. Wenn du darin vertieft bist, kann es sein, dass du dich selbst vergisst und es sich anfühlt, als ob du förmlich mit deinem Werk verschmilzt. Der autoaktive Verstand kommt dabei komplett zum Stillstand. An diesem Punkt geschieht etwas Magisches: Es tut sich ein Tor in eine andere, reinere und beglückendere Gefühlswelt auf. Ein Pianist, der in einem Klavierstück voll aufgeht, zieht die Zuhörer in seinen Bann und nimmt sie mit auf eine Reise in andere Sphären. Ein Funke springt über und löst im Publikum ähnlich positive Energie aus, wie sie der Künstler selbst empfindet. Wenn der autoaktive Verstand vollkommen aus dem Spiel genommen ist, kann reiner Energiefluss stattfinden. Der kreative Mensch erreicht das, indem er immer wieder übt. Er trainiert nicht nur seine manuelle Fähigkeit, sondern auch die zur Hingabe. Er lernt, den autoaktiven Verstand nicht mehr zu beachten und sich stattdessen mit ganzem Herzen seiner Kunst hinzugeben. Das Üben am Instrument oder die hingebungsvolle Beschäftigung im Garten hat den gleichen Effekt wie die Kerzenmeditation oder eine vergleichbare Fokussierungsübung. Wenn du mit dem, was du gerade tust, verschmilzt, erlebst du ein tiefes Glücksgefühl.

Gleiches gilt für den passiven Kunstkonsum. Die Freude am Musikhören zum Beispiel lässt sich in dem Ausmaß steigern, wie es dir gelingt, den autoaktiven Verstand zur Ruhe zu bringen. Vielleicht kennst du das: Es gibt eine besonders schöne Stelle in einem Musikstück. Du möchtest sie mit voller Hingabe erleben, den maximalen Genuss daraus ziehen, aber sobald die Stelle kommt, bist du nicht mehr zu hundert Prozent mit deiner Aufmerksamkeit dabei. Du hast dann das Gefühl, etwas versäumt zu haben. Das Erlebnis war nicht so schön, wie es hätte sein können. Hier hat sich der autoaktive Verstand eingemischt und deine volle Hingabe beeinträchtigt.

Du wirst feststellen, wie sich durch die regelmäßige Kerzenmeditation deine Fähigkeit, sinnliche Erlebnisse zu genießen, steigert. Du lebst und genießt jetzt mit Haut und Haar. Du bist mit all deinen Sinnen ganz im Hier und Jetzt. Dabei ist es egal, ob du Musik genießt, einen schönen Film, eine köstliche Speise oder Sex.

> Eine gesteigerte Konzentrationsfähigkeit vertieft jede Form sinnlichen Erlebens.

*»Was immer du tun kannst oder wovon du träumst -
fang damit an.
Mut hat Genie, Kraft und Zauber in sich.«*

Johann Wolfgang von Goethe

Der kreative Verstand

Es gibt Phasen, in denen du feststellen wirst, dass du besonders kreativ bist, und wo dir in einer relativ kurzen Zeit eine ganze Reihe von guten Ideen einfallen. Vielen geht es so beim Joggen, Radfahren, Wandern oder wenn sie unter der Dusche stehen. Durch monotone oder besonders entspannende Tätigkeiten wird der autoaktive Verstand vorübergehend deaktiviert. Es öffnet sich ein Fenster in die Tiefen deines Bewusstseins, und der Blick wird frei auf die kreativen Informationen, die dort schlummern. Dir fallen vielleicht wunderbare Ideen für deinen Beruf, deine Freizeit oder die Gestaltung deiner Wohnung ein. Wenn du beginnst, diese Ideen auszuarbeiten, dann können konkrete Pläne entstehen, die dein Leben verschönern und verbessern. Hier ist dein kreativer Verstand am Werk. Er greift die Ideen auf, die aus deinem Unbewussten auftauchen, und formt sie zu umsetzbaren Plänen. Während dieses Prozesses fühlst du dich voller Tatendrang. Die aktive Gestaltung deines Lebens jetzt und in der Zukunft erfüllt dich mit Vorfreude. Nutze diese Phasen erhöhter Inspiration und notiere sofort alle Ideen.

Der kreative Verstand unterscheidet sich deutlich vom autoaktiven Verstand. Wenn wir wieder die Analogie des Bewusstseins als See heranziehen, dann sieht der kreative Verstand auf den Grund des Sees. Dort liegen die wertvollen und dich erfüllenden Informationen bereit. Im Gegensatz dazu sind die Gedanken, die der autoaktive Verstand unentwegt produziert, größtenteils nutzlos. Viele davon sind destruktiv, bereiten Sorgen und schneiden dich von deiner Inspiration ab. Obwohl bei beiden Geistesaktivitäten viele Gedanken fließen, kannst du sie dennoch leicht voneinander unterscheiden, indem du auf die Gefühle achtest, die damit einhergehen. Während der autoaktive Verstand deine Stimmung immer nach unten drückt, erhebt dich der kreative Verstand. Das Schmieden an deinen eigenen Lebensplänen macht glücklich.

Die Phasen intensiver Inspiration scheinen zu kommen und zu gehen, wann sie wollen. Du kannst sie leider nicht auf Knopfdruck bestellen, wenn du sie gerade brauchst. Inspiration ist ein Geschenk, das du oft gerade dann bekommst, wenn du es gar nicht erwartest. Du kannst jedoch Voraussetzungen schaffen, die die Inspiration fördern. Wie gesagt ist der autoaktive Verstand der Nebel, der dir den Blick auf dein kreatives Potential verschleiert. Das ist zum Beispiel die berühmte Schreibblockade, von der Schriftsteller häufig betroffen sind, es gilt aber auch für jeden anderen kreativen Prozess. Mit Hilfe der Kerzenmeditation kannst du diesen Nebel auflösen.

Häufig kommt es vor, dass dir mitten in der Kerzenmeditation großartige kreative Ideen oder sogar konkrete Problemlösungen zufließen. Du spürst dann die positive Energie, die damit verbunden ist, und denkst dir: »Ja, das ist es!« Notiere dir diese Gedanken sofort. Natürlich lenkt dich auch der kreative Verstand von deiner Fokussierungsübung ab, aber wenn du den Einfall gleich in deinem bereitliegenden Notizblock festhältst, hast du den Kopf sofort wieder frei für die Übung.

Wenn du kreativ tätig sein willst und Inspiration brauchst, egal ob es um etwas ganz Praktisches geht oder um die Erschaffung eines Kunstwerkes, dann ist es empfehlenswert, vorher eine kurze Kerzenmeditation durchzuführen. Du wirst feststellen, dass die Einfälle dann viel leichter strömen.

> Schalte deinen autoaktiven Verstand aus, und der Weg zu deinem unerschöpflichen kreativen Potential wird frei.

> *»Von allen Sorgen, die ich mir machte,*
> *sind die meisten nicht eingetroffen.«*
>
> Sven Hedin

Sorgen auflösen

Sorgen hindern uns daran, ins Glücksempfinden zu kommen. Der autoaktive Verstand ist der beste Freund der Sorgen. Gebetsmühlenartig greift er die immer wieder gleichen, niederdrückenden Gedanken auf. Jeder gedachte Gedanke löst ein entsprechendes Gefühl aus, welches durch jede weitere Wiederholung verstäkt wird. Deswegen ist es besonders wichtig, diesen Teufelskreis zu durchbrechen.

Die erste Erkenntnis ist die, dass wir uns meist Sorgen über zukünftige Ereignisse machen, die dann, im Nachhinein betrachtet, gar nicht eingetreten sind. Sie spielten sich nur in unserer Phantasie ab. Sorgen sind Produkte unserer unbewussten Ängste und haben oft nur wenig mit den realen Umständen zu tun. Wenn du dir Sorgen um die Zukunft machst, dann blockierst du dich selbst und kannst nie in die Glückserfahrung kommen, denn Glück lässt sich nur im Jetzt erleben. Die Frage, ob deine Sorgen begründet oder unbegründet sind, lässt sich immer erst im Nachhinein beantworten. Aber eines ist jetzt schon klar:

> Sich sorgen macht unglücklich und verbessert nichts an deiner aktuellen Situation.

Deswegen solltest du, sobald du feststellst, dass das Sorgenkarussell sich zu drehen beginnt, aktiv werden. Es ist jetzt Zeit, in den mentalen Prozess einzugreifen. Du weißt vom Verstand her, dass Sorgen dich nicht weiterbringen, daher ist es legitim, wenn du sie nicht weiterverfolgst. Dann sage dir innerlich: Stopp! und konzentriere dich auf die Tätigkeit, mit der du gerade beschäftigt bist. Sei ganz im Moment, denn dann kann der autoaktive Verstand keine negativen Gedanken mehr denken und es entstehen dadurch auch keine weiteren negativen Gefühle mehr. Sorgen sind wie Betonplatten, die der autoaktive Verstand auf dein Gemüt stapelt. Je mehr Platten darauf lasten, desto schwermütiger wirst du. Bringst du ihn zum Stillstand, so kann er dich nicht weiter belasten und du wirst sofort Erleichterung verspüren.

Natürlich wird der autoaktive Verstand versuchen, dich zu überlisten. Er wird dir einreden, dass du dir Gedanken über das Problem machen musst, um eine Lösung zu finden. Er tut so, als wäre er der analytische Verstand und könnte wirklich Probleme lösen. Das kann er aber nicht. Das Einzige, was er kann, ist, sie noch größer zu machen, indem er sie in einer Endlosschleife wiederholt. Beachte ihn einfach nicht, dann geht es mit deinem emotionalen Niveau schnell wieder bergauf. Solltest du innerlich aber zu aufgewühlt sein, so kannst du dein Gemüt mit Hilfe einer einfachen Atemübung beruhigen, wie ich sie weiter oben im Kapitel »In dich gehen über den Atem« beschrieben habe. Wenn du einen ausreichenden Entspannungsgrad erreicht hast, kannst du mit der Kerzenmeditation beginnen.

Du kannst natürlich einwenden: »Ich habe ein konkretes Problem, das ich lösen muss. Es geht durch Meditation nicht weg.« Selbst wenn das der Fall sein sollte, ist es ein Trugschluss zu glauben, dass der autoaktive Verstand das Problem lösen könne. Er taugt zu nichts. Er macht dich depressiv und bietet keine Lösungen an. Erst wenn du ihn zur Ruhe bringst, entsteht Raum, in dem der hilfreiche analytische Verstand aktiv werden kann. Erst wenn du im Kopf klar bist, wirst du auch brauchbare Lösungen finden. Sie sind wie Perlen auf dem Grunde eines Sees. Du siehst sie erst wirklich deutlich, wenn die Wasseroberfläche still geworden ist. Die besten Ideen kommen mir persönlich immer während und nach der Meditation. Niemals davor. Oft passiert es, dass ich mitten in der schönsten Meditation eine großartige Idee habe. Selbst wenn ich eigentlich noch länger in der Gedankenstille bleiben wollte, kommt diese tolle Idee, die es wert ist, festgehalten zu werden. Für solche Fälle habe ich ein Notizbuch neben meinem Meditationsplatz. Ich schreibe die Idee auf und habe dann den Kopf wieder frei, um dann weiter auf den Grund meines Bewusstseins-Sees zu blicken.

Durch diese Fokussierungsübung schlägst du mehrere Fliegen mit einer Klappe: Du stellst den autoaktiven Verstand ab und verminderst dadurch den emotionalen Druck, der durch die Sorgen entsteht. Gleichzeitig machst du den Blick frei für Inspiration, welche dir zeigt, wie dein Weg weitergeht.

> Sorgen sind ein Produkt des autoaktiven Verstandes. Wird er deaktiviert, so verschwindet der negative emotionale Druck.

Kapitel 5

Zweite Übungswoche: Lichtmeditation

>>*Ich glaube, dass wir einen Funken jenes ewigen Lichts in uns tragen, das im Grunde des Seins leuchten muss und welches unsere schwachen Sinne nur von Ferne ahnen können. Diesen Funken in uns zur Flamme werden zu lassen und das Göttliche in uns zu verwirklichen, ist unsere höchste Pflicht.*<<

Johann Wolfgang von Goethe

Die Kraft des inneren Lichts

Nachdem wir mit Hilfe der Kerzenmeditation den Grundstein in Form von verbesserter Konzentrationsfähigkeit gelegt haben, können wir nun mit der nächsten Meditation darauf aufbauen. Die Kerzenmeditation befreit uns von den geistigen Verunreinigungen, die durch den autoaktiven Verstand verursacht werden, und schafft einen Raum, den wir mit einer der beiden stärksten mentalen Energien füllen können: dem geistigen Licht. Licht ist das Fundament der gesamten Schöpfung. Als sie mit dem Urknall ihren Anfang nahm, gab es nichts außer reinster Energie in Form von Licht. Erst später verdichtete sich das Licht zu Materie. Zuerst bildeten sich die ersten Elementarteilchen, daraus die ersten einfachen Atome wie Wasserstoff und Helium. Durch Verdichtung in Sternen entstanden im Prozess der Kernfusion größere Atome wie Kohlenstoff und Sauerstoff und im weiteren Verlauf alle anderen Atome, die wir heute als sichtbare materielle Welt wahrnehmen. Alles, was wir mit unseren Augen wahrnehmen können, ist somit aus Licht gemacht. Die Äquivalenz von Licht und Materie wird durch Einsteins berühmte Formel $E = mc^2$ sehr schön verdeutlicht.

Doch nicht nur die gegenständliche Welt ist aus Licht gemacht, sondern auch wir. Wir alle sind letztendlich Sternenstaub. Tief in unserem Bewusstsein ist diese Wahrheit verankert. Jeder Mensch trägt dieses innere Licht in sich. Durch unsere ständige Beschäftigung mit äußerlicher Materie ist uns dieses Wissen jedoch verloren gegangen. Wir haben vergessen, dass wir eigentlich Licht sind. Aber es gibt einen Weg, um uns wieder daran erinnern zu können. Indem wir unsere Aufmerksamkeit wieder auf unser inneres Licht lenken, können wir es neu entfachen und zum Leben erwecken.

Wenn wir das tun, verändern sich unser Denken und Fühlen. Wo zuvor Finsternis herrschte, wird Licht. Es ist vergleichbar mit einem dunklen Raum: Erst wenn wir das Licht einschalten, wird die Dunkelheit vertrieben. Dann können wir auch sehen, was sich in dem Raum befindet. Konkret bedeutet das für dich, dass du dich selbst in einem neuen Licht sehen wirst. Dein Verständnis vom eigenen Sein nimmt zu. Du wirst immer mehr erkennen, wer du wirklich bist, wo deine persönlichen Stärken und Schwächen liegen und wo du konkret ansetzen kannst, um dich weiterentwickeln zu können, hin zu einem lichtvollen und erfüllten Dasein. Die Verbindung mit dem inneren Licht wird dir den Zugang zu einer bisher verschlossenen Informationsebene öffnen. Inspiration und Intuition werden durch das innere Licht angeregt, wodurch du aus deinem Unbewussten Antworten auf konkrete Lebensfragen erhalten wirst. Diese Antworten treffen genau auf dich zu, weil sie aus dir selbst kommen und nicht von außen vermittelt wurden, zum Beispiel durch eine andere Person. Die Frage entsteht ja in deinem Inneren, und dort ist auch die Antwort zu finden. Die folgende Übung bringt wieder Licht in dein bisher verdunkeltes Unbewusstes und hebt die darin verborgenen wertvollen Informationen zurück ins Wachbewusstsein.

> Alles ist aus Licht gemacht. Der Sinn des Lebens besteht darin, das Licht in uns wieder zu entdecken.

»Suche das Licht nicht im Außen,
finde das Licht in dir und
lass es aus deinem Herzen strahlen.«

Rumi

Die Lichtmeditation

Nach einer Woche praktizierter Kerzenmeditation wirst du wahrscheinlich schon die ersten Veränderungen wahrgenommen haben. Deine Konzentrationsfähigkeit nimmt zu, du verspürst mehr innere Klarheit und Ruhe. Du bist mehr in deiner Mitte, als du es zuvor warst. Der Raum, der zuvor durch die unentwegte Tätigkeit des autoaktiven Verstandes gefüllt war, ist nun leer und bereit, ganz bewusst mit einer anderen, wirklich hilfreichen und wohltuenden Energie gefüllt zu werden.

Hier nun die Anleitung zur nächsten Übung:

1. Setze dich aufrecht, aber entspannt an deinen Meditationsplatz
2. Nimm ein paar tiefe Atemzüge. Beginne mit der fünfminütigen Fokussierungsübung. Du blickst mit offenen Augen ins Kerzenlicht und wirst dadurch innerlich leer und ruhig.
3. Nach etwa fünf Minuten schließt du deine Augen und sprichst gedanklich bei jedem Einatmen das Wort »Licht«. Sei dabei ganz neutral. Erwarte nichts. Deine Willenskraft ruht. Du brauchst nichts zu leisten und nichts zu erreichen. Du lädst nur die universelle Kraft des Lichts in dich ein und lässt sie in dir und durch dich wirken. Du bist nicht der Machende, sondern der Empfangende. Deine »Leistung« besteht lediglich darin, das Licht in dich einzuladen und zuzulassen, dass es dich verwandelt.
4. Löse dich nach fünf Minuten wieder aus der Übung, indem du ein paar tiefe Atemzüge nimmst.
5. Führe diese Lichtübung am Morgen und am Abend aus. Deine Übungszeit verdoppelt sich dadurch auf täglich zweimal zehn Minuten.

Die Übung an sich scheint, wie die Kerzenmeditation, sehr unspektakulär zu sein. In ihrer Wirkung ist sie jedoch nicht zu unterschätzen. Über die Tage hinweg wirst du feststellen, wie sich deine innere Stimmung aufhellt. Es können unerwartete Glücksgefühle auftauchen. Deine Intuition wird aktiviert, wodurch dir Antworten auf Fragen zufließen können, für die du bisher keine Lösung finden konntest. Dir »geht ein Licht auf«, wie es so treffend heißt.

*»Es ist nicht zu wenig Zeit, die wir haben,
sondern es ist zu viel Zeit, die wir nicht nutzen.«*

Seneca

Fragen und Erfahrungen:
Prioritäten richtig setzen

So oder so ähnlich geht es vielleicht auch dir:

»Ich verstehe, worum es bei der inneren Kraftquelle geht, und ich habe auch schon die positiven Auswirkungen der Übungen erlebt. Ich verfüge über spürbar mehr Energie und gehe selbstbewusster durch den Tag. Aber wenn ich mich am Morgen hinsetze, um mich an meine Kraftquelle anzuschließen, passiert es oft, dass ich schon an die Dinge denke, die ich an diesem Tag zu erledigen habe. Die Gedanken an meine geschäftlichen Verpflichtungen sind so stark, dass ich sie nicht loswerde. Unentwegt stören sie meine geistigen Übungen, und das frustriert mich.«

Das ist eine Frage der Prioritäten. Bei dir steht das Geschäft an erster Stelle. Alle Gedanken drehen sich darum, dort fließt auch alle Energie hinein. Dein autoaktiver Verstand diktiert deine Gedanken und stört mit Leichtigkeit deine geistigen Übungen. Selbst wenn du ihm sagst, er solle jetzt für kurze Zeit Ruhe geben, tut er das nicht.

Es geht jetzt darum, deine innere Haltung zu überdenken. Tief in dir gibt es einen versteckten Glaubenssatz, der lautet: »Geistige Übungen rauben mir nur die Zeit für das Wesentliche, mein Geschäft. Ich sollte mich besser auf meinen geschäftlichen Erfolg konzentrieren.« Dabei hast du schon erlebt, dass das so nicht stimmt. Wenn du dich morgens mit positiver Energie auflädst, verläuft dein Arbeitstag wesentlich produktiver und erfolgreicher. Startest du in den Tag, ohne dich aufzuladen, so wird alles mühsamer und geht dir nicht so leicht von der Hand.

Es ist wichtig, diese Zusammenhänge zu verstehen, denn nur so kannst du dem autoaktiven Verstand den Wind aus den Segeln nehmen. Wenn du um die positiven Effekte geistiger Übungen weißt, ist es nur vernünftig, ihnen höhere Priorität einzuräumen. Du tust es ja nicht nur für deine Seele, nein, dein gesamtes Leben profitiert davon, selbst dein Geschäft. Der autoaktive Verstand ist ein Meister darin, allerhand Ausreden zu erfinden, um dich davon abzuhalten, in die Stille zu gehen. Aber wenn du es genau betrachtest, wirst du keinen rationalen Grund finden, deine geistigen Übungen zu vernachlässigen. Es ist eine Win-win-Situation für dein inneres wie auch dein äußeres Leben.

»Ich habe keine Zeit für Meditation. Ich habe viel zu viel um die Ohren.«

Der Tag hat 24 Stunden, und wenn du es nur willst, dann kannst du dir immer zwanzig Minuten freiräumen. Zehn Minuten am Morgen und zehn Minuten am Abend sind machbar. Dann bleiben für alle anderen Aktivitäten immer noch 23 Stunden und 40 Minuten übrig. Mit diesem Argument kannst du deinen autoaktiven Verstand überlisten. Sag ihm: »Es dauert nur zehn Minuten, dann bist du wieder dran.«

Der Nutzen geistigen Übens macht den geringen Aufwand um ein Vielfaches wett. Ich kenne niemanden, der weniger geleistet hätte, nur weil er morgens meditiert hat. Es ist eine reine Frage der Prioritäten. Wenn dir dein Glück wichtig genug ist, wirst du die Zeit dafür finden.

Dazu möchte ich dir diese kurze Geschichte erzählen:

Ein Professor stand vor einer Philosophie-Klasse und hatte einige Gegenstände vor sich. Als der Unterricht begann, nahm er wortlos einen sehr großen Blumentopf und fing an, diesen mit Golfbällen zu füllen. Als die Golfbälle bis zum Rand reichten, fragte er die Studenten, ob der Topf nun voll sei. Sie bejahten es. Dann nahm der Professor ein Behältnis mit Kieselsteinen und schüttete diese in den Topf. Er bewegte den Topf sachte, und die Kieselsteine rollten in die Leerräume zwischen den Golfbällen. Dann fragte er die Studenten wiederum, ob der Topf nun voll sei. Sie stimmten zu. Nun nahm der Professor eine Dose mit Sand und schüttete diesen in den Topf. Natürlich füllte der Sand die restlichen verbliebenen Zwischenräume. Wieder fragte er, ob der Topf nun voll sei, und wieder stimmten die Studenten zu. Der Professor holte zwei Dosen Bier unter dem Tisch hervor, schüttete den ganzen Inhalt in den Topf und füllte somit den letzten Raum zwischen den Sandkörnern aus. Die Studenten lachten. »Nun«, sagte der Professor, als das Lachen abebbte, »ich möchte, dass Sie den Topf als Repräsentation Ihres Lebens ansehen. Die Golfbälle sind die wichtigsten Dinge in Ihrem Leben: Ihre Berufung, Ihre Familie, Ihre Gesundheit, Ihre Freunde, die Aspekte, die den eigentlichen Wert Ihres

Lebens ausmachen. Die Kieselsteine symbolisieren die anderen Dinge im Leben wie Arbeit, Haus, Auto. Der Sand ist alles andere, die Kleinigkeiten: Essen, Duschen, Schlafen.

Falls Sie den Sand zuerst in den Topf geben, gibt es weder Platz für Kieselsteine noch für Golfbälle. Dasselbe gilt für Ihr Leben. Wenn Sie all Ihre Zeit und Energie in Kleinigkeiten investieren, werden Sie nie Platz haben für die wichtigen Dinge. Achten Sie auf die Dinge, welche Ihr Glück gefährden. Pflegen Sie gute Beziehungen. Meditieren Sie. Achten Sie auf Ihre Gesundheit. Führen Sie Ihren Partner zum Essen aus. Es wird immer noch Zeit bleiben, um das Haus zu putzen oder andere Pflichten zu erledigen. Achten Sie auf die Golfbälle, die Dinge, die wirklich wichtig sind. Setzen Sie Ihre Prioritäten. Der Rest ist nur Sand.« Einer der Studenten hob die Hand und wollte wissen, was denn das Bier repräsentieren sollte. Der Professor schmunzelte: »Ich bin froh, dass Sie das fragen. Es ist dazu da, um Ihnen zu zeigen, dass - egal wie schwierig Ihr Leben sein mag - immer noch Platz ist für ein oder zwei Bierchen.«

Kapitel 6

Leben aus dem inneren Licht

*»Die Intuition ist ein göttliches Geschenk,
der denkende Verstand ein treuer Diener.
Es ist paradox, dass wir den Diener verehren
und die göttliche Gabe entweihen.«*

Albert Einstein

Wahre Inspiration

Ich habe schon oft erlebt, dass ich mit einer beruflichen oder privaten Herausforderung konfrontiert war und mit bloßem Nachdenken zu keiner brauchbaren Lösung kam. Ich fühlte mich dann nicht gut, war irgendwie blockiert. Der autoaktive Verstand präsentierte mir eine unbefriedigende Lösung nach der anderen, bis ich mich schließlich entschloss, das Denken ganz bleiben zu lassen und mich einfach an die Quelle des inneren Lichts anzuschließen. Das hatte zwei positive Effekte: Erstens hob es meine Stimmung und zweitens kamen innere Bilder und konkrete Inspiration. Plötzlich machte es »klick« und ich hatte die perfekte Lösung. Damit ging auch ein starkes Glücksgefühl einher, das mir sagte: »Ja, das ist es!« Auf einmal machte alles Sinn und schien so logisch. Ich wunderte mich dann, warum ich nicht schon früher darauf gekommen war. Ganz stark konnte ich dieses Phänomen bei künstlerischen Tätigkeiten beobachten. Ich malte gerne und beobachtete mich bewusst dabei, was passierte, wenn ich an die Lichtenergie angebunden und der autoaktive Verstand abgeschaltet war. Die Kreativität floss viel schneller. Die Gestaltungsideen kamen in so einem hohen Tempo, dass ich kaum mit der Umsetzung nachkam. Alles, was ich tun musste, war, mich dem Flow hinzugeben. Das war eine ganz andere Erfahrung als die berühmte Angst vor der weißen Leinwand. Seitdem ich mich bewusst mit meinem inneren Licht verbinde, kenne ich diese Blockade nicht mehr.

In den vielen Jahren meiner Beschäftigung mit dem inneren Licht ist mir eines aufgefallen: Je stärker ich diese positive Energie in mir spüre, desto mehr konstruktive Ideen fließen in mich ein. Es hat sich bewährt, sie sofort festzuhalten, zum Beispiel auf dem Smartphone. So gehen sie nicht verloren und ich habe den Kopf wieder frei, mich in diese wunderbare Energie zu begeben. Denn das ist nur möglich, wenn die Gedanken still sind.

> Wahre Inspiration braucht Gedankenstille.

»Der Mensch muss lernen, den Lichtstrahl aufzufangen und zu verfolgen, der in seinem Inneren aufblitzt.«

Ralph Waldo Emerson

Wie du Weisheit erlangst

Während deines Lebens bist du mit einer fast unendlichen Flut an Informationen konfrontiert. Deine fünf äußeren Sinne liefern dir ständig Daten, die verarbeitet werden wollen. Alleine das, was deine Augen an einem einzigen Tag sehen, all diese Farben und Formen, die an dein Gehirn weitergeleitet werden, ist von immenser Fülle. Dazu kommen noch die Daten, die durch Sprache in Schrift und Wort transportiert werden. Jedes Gespräch, das du führst, jede E-Mail, die du liest oder schreibst, trägt zur Informationsflut bei. Doch diese beschränkt sich nicht nur auf die sinnliche wahrnehmbare Welt mit ihren Eindrücken. Auch aus deinem Inneren wirst du mit Gedanken, Ideen und Inspiration gefüttert. Es ist ein Wunder, dass wir Menschen in der Lage sind, das alles zu verarbeiten, ohne dabei verrückt zu werden. Damit das möglich wird, müssen die Daten gefiltert und sortiert werden. Die überwiegende Masse an Information nehmen wir gar nicht bewusst wahr. Was für die konkrete Lebensführung nicht relevant ist, wird vom Gehirn automatisch ausgefiltert. Tatsächlich beschäftigen wir uns gedanklich nur mit einem winzigen Ausschnitt der erfahrbaren Gesamtrealität. Wir bewerten zudem die Gedanken nach ihrer Relevanz für das tatsächliche Leben. Nur was uns wichtig erscheint, wird beachtet. Daraus ergibt sich ein klar selektierter Pool an Informationen, der sich wiederum in zwei Untergruppen einteilen lässt: Wissen und Weisheit.

Wissen umfasst all jene Informationen, die uns dabei helfen, die Außenwelt zu verstehen. Es schließt insbesondere alle Erkenntnisse der Naturwissenschaften mit ein. Der Großteil dessen, was wir in Sachbüchern, Lexika und auf Plattformen wie Wikipedia lesen oder als Dokumentationen sehen, ist Wissen. Wissen erklärt die Welt, aber nicht alles Wissen brauchen wir, um in der Welt leben zu können. Deswegen unterscheiden wir zwischen Allgemeinwissen und Fachwissen.

Grundlegendes lernen wir in der Schule, durch Erziehung und persönliche Erfahrung in Interaktion mit unserer Umwelt. Deswegen ist Wissen sehr stark vom Lebensumfeld geprägt. Eine Mutter im Andenhochland braucht ein anderes Wissen als eine Hochschullehrerin in Mitteleuropa. So trägt jeder Mensch seine ganz individuelle Auswahl an Wissen mit sich, welches ihm dabei hilft, seine Umwelt zu verstehen und das tägliche Leben zu bewältigen.

Etwas anders verhält es sich mit Weisheit. Sie ist eine abstraktere Form von Erkenntnis, die das Alltägliche, sinnlich Wahrnehmbare transzendiert. Weisheit beschäftigt sich mit der Innenwelt des Menschen, sucht nach zeitlos gültigen Mustern im Denken, Fühlen und Verhalten. Von der bloßen Menge her ist sie im Vergleich zum Wissen eher gering, für die konkrete Lebensführung jedoch ist sie von immenser Bedeutung. Weisheit beinhaltet grundlegende Kenntnisse über das menschliche Wesen, die unabhängig von Raum und Zeit existieren. Deswegen haben jahrtausendealte Weisheiten auch heute in unserer modernen Welt noch immer Gültigkeit und werden diese auch niemals verlieren. Weisheit hilft uns, den Sinn im Leben zu erkennen, Herausforderungen zu bewältigen, Gefahren zu vermeiden und erfüllende Beziehungen zu führen, kurz: Sie verhilft uns zu einem guten Leben.

Wir sollten deshalb besonders darum bemüht sein, Weisheit zu erlangen. Leider ist das nicht so einfach, denn Weisheit lässt sich nicht so leicht vermitteln wie Wissen. Wissen kann man anschaulich darstellen, während Weisheit nur mit relativ abstrakten Begriffen beschrieben werden kann. Weisheit wird in erster Linie durch Lebenserfahrung erlangt. Daher ist es außerordentlich wichtig, bewusst durchs Leben zu gehen, genau zu beobachten, was passiert, und darüber nachzudenken. Du wirst erstaunt sein, zu welchen Erkenntnissen du gelangen wirst. Wenn dir dann ein Buch einer alten Weisheitslehre in die Hände fällt, wirst du erkennen, dass schon andere Menschen zu ganz anderen Zeiten an ganz anderen Orten zu denselben Einsichten gelangt sind. Du hast etwas entdeckt, das universelle Gültigkeit besitzt. Wie kann das sein? Wie ist es möglich, dass ein Mensch, der vor 2500 Jahren in Asien lebte, zu denselben Erkenntnissen gelangt ist wie du heute? Dafür gibt es nur eine Erklärung: Dieselbe Weisheit muss in jedem Menschen bereits angelegt sein. Es geht also lediglich darum, sie in sich zu erkennen.

Der beste Weg, Weisheit zu erlangen, ist folglich, sich selbst zu ergründen. Weisheit ist der Schatz am Grunde des Sees. Lerne, in die Tiefe zu blicken. Solange der Blick nur die oberflächlichen Wellen des autoaktiven Verstandes sieht, bleibt die Weisheit verborgen. Wird der Blick klar und ruhig, so siehst du das Gold des Geistes klar und deutlich. Du spürst die zeitlose Wahrheit, die darin steckt.

> Weisheit hilft dir, die Welt von innen her zu verstehen. Der beste Weg, sie zu erlangen, ist, dich selbst zu ergründen. Sie ist dein wertvollster geistiger Schatz.

>*Das einzige Diktat,*
dem ich mich in dieser Welt füge,
ist die sanfte innere Stimme.«

Mahatma Gandhi

Deine innere Stimme

Hast du dich schon einmal gefragt, was eigentlich den Lebenslauf eines Menschen bestimmt? Jeder Lebenslauf ist einzigartig. Es ist wie mit Schneeflocken: Es gibt Ähnlichkeiten, aber keine gleicht der anderen in jedem Detail. Was waren in deinem bisheriges Leben die entscheidenden Faktoren, die zu diesem konkreten Lebenslauf geführt haben? Manche wurden dir einfach in die Wiege gelegt, wie dein Geschlecht, deine Eltern und Geschwister, das Land, in dem du aufgewachsen bist. Dann wurden viele Entscheidungen von anderen für dich getroffen, besonders in deiner Kindheit und Jugend. Je älter du wurdest, desto mehr Gestaltungsraum wurde dir zugestanden. Ein Großteil deines heutigen Lebens ist das Ergebnis der Entscheidungen, die du in der Vergangenheit getroffen hast.

Woher kommen aber die Kriterien, Vorlieben und Wünsche, die zu diesen Entscheidungen geführt haben? Es gibt in dir offensichtlich eine Instanz, die hier ein ganz kräftiges Wörtchen mitredet. Eine innere Stimme flüstert dir dein ganzes Leben hindurch zu, wohin dein Weg gehen sollte. Du bist natürlich nicht gezwungen, ihr zu folgen. Kraft deines Willens kannst du dich für einen anderen Weg entscheiden. Die Frage, die sich dir dann stellt, ist: »Womit fahre ich besser? Wenn ich dieser inneren Stimme folge oder wenn ich mich gegen sie entscheide, aus welchen Gründen auch immer?«

Das Abenteuer Mensch-Sein kann einen manchmal sehr fordern. Täglich müssen wir zahlreiche Entscheidungen fällen. Die meisten davon sind klein, aber manche sind weitreichend und wirken sich auf viele Jahre unseres Lebens aus. Wir werden von Kindesbeinen an darauf trainiert, Entscheidungen mit Hilfe unseres Verstandes durch Abwägen von Vor- und Nachteilen zu treffen. Das ist im Prinzip auch richtig und gut so, jedoch fehlt ein wesentlicher Aspekt:

> Der Verstand hat seine Grenzen. Er kann unmöglich immer alle Eventualitäten berücksichtigen und schon gar nicht die Gefühlskomponente.

Tiefliegende Gefühle beziehen häufig eine ganz klare Position für oder gegen eine Option, obwohl der analytische Verstand keine logischen Argumente dafür finden kann. Unsere Gefühle scheinen wie ein Navigationssystem zu wirken, das uns zu unserer ganz individuellen Bestimmung führt. Auf deiner Lebensreise teilt dieses System dir mit, in welcher Richtung du deine persönliche Erfüllung findest und ob du auf dem richtigen Weg bist. Wenn ja, wirst du dich entsprechend gut fühlen, wenn du dich hingegen verfahren hast, wird dein Navigationsgerät sofort Alarm schlagen und dich auffordern, wieder auf die Route zurückzukehren, die zum Ziel führt. Dein Kopf weiß nicht genau, warum die Richtung so stimmen sollte, aber du spürst ein ganz klares Gefühl in dir, das dir sagt: »Hier geht's lang!« Auf rationale Argumente nimmt es dabei nicht immer Rücksicht. Wenn du auf dein bisheriges Leben zurückblickst, wirst du feststellen, dass viele wichtige Entscheidungen, wie z.B. die Berufswahl, die Partnerwahl, die Wahl des Wohnortes usw., letztendlich auf der Grundlage von Gefühlen getroffen wurden. Es gibt eine Stimme in dir, die dich zu führen scheint.

Diese Stimme hilft dir dabei, gute Entscheidungen zu treffen. Angenommen, dir liegt ein konkretes Stellenangebot vor und du musst entscheiden, ob du es annehmen willst oder nicht. Zuerst wirst du mit deinem gesunden Menschenverstand abwägen, ob die äußeren Rahmenbedingungen passen. Dabei sollte es aber nicht bleiben. Ziehe auch deine intuitive Seite zu Rate. Versetze dich gedanklich in dein zukünftiges Arbeitsumfeld. Stelle dir vor, du arbeitest bereits an diesem Arbeitsplatz, mit diesen Leuten, in dieser Tätigkeit. Was fühlst du bei dieser Vorstellung? Macht es dich glücklich? Erfüllt dich dieser Gedanke mit Freude? Dann kannst du davon ausgehen, dass es die richtige Entscheidung ist. Hast du hingegen ein mulmiges Gefühl im Bauch, dann solltest du besser eine andere Option in Betracht ziehen.

Eine Ausnahme stellt Angst vor Veränderung dar. Jeder Schritt in eine bisher unbekannte Richtung ist mit einem unangenehmen Gefühl verbunden. Auf einer tieferen Ebene spürst du, dass es der richtige Weg wäre, auch wenn dieses Gefühl von Unsicherheit überlagert wird. Das tiefere Gefühl zählt. Dann geht es darum, den

Mut aufzubringen, die Angst vor dem Unbekannten zu überwinden. Das ist der geringe Preis, den es zu zahlen gilt, um völlig neue und bereichernde Erfahrungen zu machen.

Deine innere Stimme ist dein bester Wegweiser in ein glückliches Leben. Sie empfiehlt dir eine Richtung, zwingt dich aber nicht, diese auch einzuschlagen. Es bleibt immer deiner Entscheidungsfreiheit überlassen, ob du deiner inneren Stimme folgen willst oder nicht. Die Erfahrung zeigt jedoch, dass diejenigen Menschen am glücklichsten sind, die den Mut aufbringen, ihrer emotionalen Intelligenz zu vertrauen. Eine gute Entscheidung sollte immer beide Instanzen einbeziehen: Verstand und Gefühl.

> Schenke deiner inneren Stimme Gehör. Sie weiß auf geheimnisvolle Art, was gut für dich ist, auch wenn es dein Verstand noch nicht weiß. So gehst du immer deinen ganz persönlichen Weg. Ein starkes Selbstbewusstsein und tiefe Zufriedenheit sind der Lohn.

> *»Wer innehält, erhält innen Halt.«*
>
> Laotse

Das innere Licht gibt Halt

Wir alle durchlaufen früher oder später Lebensphasen, in denen wir an die Grenzen unserer seelischen Belastbarkeit geführt werden, sei es durch eine erschütternde Diagnose, Arbeitslosigkeit oder einen anderen Schicksalsschlag. Es fühlt sich dann vielleicht an, als ob dir der Boden unter den Füßen weggezogen wird. Du suchst nach Halt. Gute Freunde und starke Familienbande sind in solchen Zeiten oft eine wertvolle Stütze. Sie tragen dich durch Krisen hindurch, bis du wieder festen Boden unter den Füßen hast und das Leben wieder leichter wird. Auch ein Beruf, der dir Sinn gibt und dich mit Freude erfüllt, kann dich durch Krisen hindurch tragen. Aber was tun, wenn all diese Stricke reißen? Das kommt zum Glück nicht so häufig vor. Meistens ist nur eine Lebensstütze betroffen, während die anderen noch tragen. Manchmal wirst du aber ganz hart geprüft, du bist am Boden. Niemand ist da, der dir hilft. Die Situation scheint aussichtslos. Ein dunkler Schatten legt sich über dein Leben.

Selbst dann, wenn es dir wirklich schlecht geht, steht dir immer noch eine Türe offen. Die innere Quelle positiver Energie ist nach wie vor da. Sie wartet nur darauf, angezapft zu werden. Du brauchst dich nur daran zu erinnern und dich mit ihr zu verbinden. Wenn du sie durch gewohnheitsmäßiges Üben schon erschlossen hast, verfügst du über einen großen Vorteil in schweren Zeiten. Du wirst dich fast reflexartig nach innen wenden, um dich wieder aufzutanken. Dort findest du, was du jetzt dringend brauchst: Kraft, Zuversicht und Inspiration. Du weißt, dass all das in dir vorhanden ist. Jetzt erweckst du diese Qualitäten wieder zum Leben. Du erhebst dich wie der Phönix aus der Asche. Von all den Widrigkeiten lässt du dich nicht unterkriegen. Das innere Licht liefert dir konkrete Ideen, wo du ansetzen könntest, um dich aus deiner misslichen Lage zu befreien, denn es gibt immer einen Ausweg. Es entstehen neue Pläne in deinem Kopf, die dich mit Freude und Tatendrang erfüllen.

Krisen stellen, im Nachhinein betrachtet, oft die wertvollsten Zeiten im Leben dar. In ihnen bieten sich die größten Chancen für persönliches Wachstum. Wenn alles gut läuft, belässt man gerne alles beim Alten. Man bleibt zwar in seiner Komfortzone, aber das Leben stagniert. Wenn du durch eine Krise aus der Bahn geworfen wirst, dann bist du gefordert, dir die Frage zu stellen: »Wie soll es jetzt weitergehen?« Die Antwort darauf ist in dir bereits angelegt. Du kannst zwar jemand anders um Rat bitten, aber du wirst den Rat nur annehmen, wenn du ihn gut findest, mit anderen Worten: wenn die äußere Antwort mit der inneren Antwort übereinstimmt. Je selbstverständlicher dir der Umgang mit deiner inneren Weisheit und Kraft ist, desto schneller wirst du konkrete Lösungen parat haben. Diese Verbindung zu deiner inneren Quelle schon in guten Zeiten zu pflegen, ist die beste Krisenvorsorge.

Je stärker dein Vertrauen auf das innere Licht ist, desto weniger können dir Krisen etwas anhaben. Egal wie stark die Brandung auch sein mag, dein Haus steht dann auf einem Felsen, der jedem Sturm standhalten wird.

*»Das Einzige, worauf es ankommt, ist,
dass wir darum ringen, dass Licht in uns sei.«*

Albert Schweitzer

Das innere Licht heilt

In der Psychosomatik ist heute allgemein bekannt, dass der seelische Zustand unmittelbare Auswirkungen auf den Körper haben kann. Leidet der Mensch über längere Zeit auf emotionaler Ebene, so kann das zu physiologischen Störungen bis hin zu körperlichen Erkrankungen führen. Deswegen ist seelische Gesundheit von großer Bedeutung. In der Meditation hast du vielleicht schon erlebt, wie wohltuende Energie in deinen Körper einfließt. Sie ist deutlich spürbar und hat einen unmittelbaren, positiven Effekt auf deine Gesundheit. Mit etwas Übung kannst du die Energie sogar gezielt auf jede Region deines Körpers richten.

Die Energie folgt deiner Aufmerksamkeit. So kannst du sie an die Stelle leiten, wo sie am meisten gebraucht wird.

Angenommen, du hast dir ein Bein gebrochen. Es wurde medizinisch bereits versorgt und benötigt jetzt Zeit zur Heilung. Nachdem du dich in der Meditation aufgetankt hast, fühlst du, wie du innerlich von wohltuender Energie erfüllt bist. Indem du dich dann bewusst auf dein Bein fokussierst, kannst du die heilende Energie gezielt zur verletzten Stelle leiten. Schmerzen werden dadurch gelindert und der Heilungsprozess beschleunigt. Das kannst du natürlich mit allen Körperregionen praktizieren, und das so oft und so viel du willst.

In unserem Beispiel mit dem Bein hatten wir es mit einem konkreten körperlichen Gebrechen zu tun. Wie oft kommt es aber vor, dass wir unter fühlbaren Beschwerden leiden, aber die Schulmedizin trotz aller hoch entwickelter Diagnosetechnik keine Ursache finden kann? Nun, die Lichtenergie braucht keine Diagnose, um heilend wirken zu können. Sie ist die Heilenergie schlechthin. Sie weiß immer genau, an welchem Ort sie benötigt wird und was zu tun ist. Sie braucht nur von dir in deinen Körper eingeladen zu werden, um wirken zu können.

Wenn sich dein Energielevel stets im grünen Bereich bewegt, braucht dir dein Köper nicht durch Krankheitssymptome zu zeigen, dass er unter einem energetischen Defizit leidet. Tägliche Meditation stärkt dein Immunsystem, ganz ohne Medikamente, ganz ohne schädliche Nebenwirkungen. Sie ist das Beste, was du für dich und deinen Körper tun kannst.

> Eine starke Anbindung an deine innere Quelle
> positiver Energie ist die beste Gesundheitsvor-
> sorge.

*»Die Schönheit liegt nicht im Antlitz.
Die Schönheit ist ein Licht im Herzen.«*

Khalil Gibran

Charisma und Ausstrahlung

Hast du dich schon einmal gefragt, warum manche
Menschen über ein besonderes Charisma verfügen?
Wie kommt es, dass sie die Aufmerksamkeit anderer
magisch anziehen? Wie schaffen es Popstars, ganze
Stadien zu füllen? Nach dem, was du bisher gelesen
hast, dürfte dir die Antwort nicht schwer fallen. Das
Wort »Ausstrahlung« sagt es schon. Diese Menschen
haben das Licht in sich gefunden und zum Erstrahlen
gebracht. Das ist auch der Grund, warum Heilige mit
einem Heiligenschein dargestellt werden. Sie umgibt
eine lichtvolle Aura, von der sich andere angezogen
fühlen, weil sie eine tiefe Sehnsucht nach diesem Licht
empfinden. Was sie jedoch nicht wissen, ist, dass sie
dasselbe Licht schon längst in sich tragen. Da es jedoch

verschüttet und für sie nicht wahrnehmbar ist, suchen sie es im Außen bei anderen, die ihre Quelle schon freigelegt haben.

Lange Zeit lebte ein Mann in Trostlosigkeit. Die Lebensfreude war ihm abhanden gekommen. Er fühlte sich von Dunkelheit umgeben, doch er spürte, dass irgendwo Licht sein musste. Daraufhin begab er sich auf die Suche, bereiste viele Länder und begegnete Weisen. Die sagten ihm, dass er das Licht nicht in der Welt finden werde. Er müsse die Reise ins eigene Innere antreten, dort werde er fündig werden. Also lernte er, nach innen zu blicken, aber alles, was er sah, waren dichte Wolken. Das machte ihn traurig und er zweifelte daran, ob es das Licht wirklich gab.

Die Weisen sagten ihm: »Wir wissen, dass die Sonne da ist. Wir können sie jeden Tag sehen. Auch in dir ist sie. Da besteht nicht der geringste Zweifel. Verbinde dich gedanklich mit der Sonne hinter den Wolken.« Das tat der Sucher und er spürte, wie seine Traurigkeit langsam verschwand. Die Wolkendecke brach auf, die ersten Sonnenstrahlen kamen durch. Große Freude erfüllte ihn. Er wusste jetzt: »Ja, da gibt es wirklich Licht auf der anderen Seite. Ich kann es deutlich sehen.« Er richtete seine gesamte Aufmerksamkeit auf die hellen Strahlen und je mehr er das tat, desto stärker wurde das Licht und vertrieb alle Wolken.

Du wirst schon erlebt haben, dass deine Attraktivität leidet, wenn du dich seelisch nicht wohl fühlst. Dein Körper ist der gleiche, und trotzdem fehlt irgendetwas. Der Satz »Wahre Schönheit kommt von innen« hat seine absolute Berechtigung. Bist du voller positiver Energie, so wirkst du wie ein Magnet auf deine Umwelt. Dann spielt der eine oder andere Makel plötzlich keine Rolle mehr. Deine energetische Ausstrahlung überstrahlt jede körperliche Unvollkommenheit.

> Vom inneren Licht geht eine unwiderstehliche Anziehungskraft aus.

Du wirst auch schon festgestellt haben, dass manche Menschen für ihr Alter vergleichsweise jung aussehen. Andere hingegen, die in ständigen Sorgen und voller Gram leben, haben ein verhärmtes Gesicht. Der energetische Gesamtzustand wirkt sich massiv auf den Alterungsprozess aus. Durch negative Energie wird er beschleunigt. Wir sagen dann: »Ich musste mich so ärgern, dass ich um zwei Jahre gealtert bin«. Wenn wir uns hingegen bewusst über etwas keine Sorgen machen, »lassen wir uns keine grauen Haare wachsen«. Deswegen ist es so wichtig, dass wir darauf achten, uns stets im Bereich positiver Energie zu bewegen.

> Der wahre Jungbrunnen ist ein Leben in positiver Energie.

Kapitel 7

Dritte Übungswoche: Liebesmeditation

»Liebe ist die Sehnsucht nach der Ganzheit,
und das Streben nach der Ganzheit wird Liebe genannt.«

Platon

Auf der Suche nach Liebe

Wenn du die Welt genauer betrachtest, wirst du feststellen, dass alles immer zwei Seiten hat. Hell-dunkel,
oben-unten, innen-außen, laut-leise, heiß-kalt, Mann-
Frau usw. Diese Polarität ist der grundlegende Bauplan,
der den gesamten Kosmos durchzieht. Er erstreckt
sich auch auf den geistigen Bereich. So hat die bisher
besprochene Kraft des inneren Lichtes auch ihr kom-
plementäres Gegenstück, nämlich die Liebe. Während
das Licht für jede Form von Erkenntnis in uns steht,
stellt die Liebe die Krönung aller Empfindungen dar.
Um die Fähigkeiten der Liebe zu beschreiben, reichen
Worte nicht aus. Sie vermag einen traurigen Menschen
in ein strahlendes Wesen zu verwandeln. Ob wir es
zugeben wollen oder nicht, wir alle sehnen uns letztendlich im Grunde unseres Herzens nach Liebe. Sie ist
der Motor, der uns antreibt. Alle anderen Sehnsüchte
und Wünsche sind lediglich vorgeschaltete Instanzen
zur Befriedigung unserer tiefen Sehnsucht nach Liebe.
Schon als Kinder tun wir alles, um von unseren Eltern
geliebt zu werden. Später erwarten wir uns vom
Traumpartner, dass er oder sie diese Lücke in unserem
Herzen füllt. Das Streben nach Anerkennung, zum
Beispiel durch beruflichen Erfolg, entspringt aus dem
Bedürfnis nach Liebe, ja sogar die Jagd nach Geld und
materiellem Reichtum ist nichts anderes als eine Form
der nach außen gekehrten Suche nach Liebe.

Doch finden wir sie dort, wo wir sie suchen? Finden wir sie in der Partnerschaft, in der Familie, im Beruf oder im materiellen Wohlstand? Es gibt Lebensphasen, in denen wir das Gefühl haben, wirklich angekommen zu sein. Wenn wir endlich unsere bessere Hälfte gefunden haben, dann können wir uns ganz, erfüllt und glücklich fühlen. Aber für wie lange? Wenn wir uns ehrlich fragen, ob dieser Zustand auf Dauer anhält, so müssen wir uns doch eingestehen, dass jede Liebe zu einem Menschen auf tönernen Füßen steht. Es gibt so viele Unwägbarkeiten, die die Liebe belasten oder sogar beenden können. Dabei sehnen wir uns doch so sehr nach Beständigkeit und Stabilität. Wo finden wir sie? Fischen wir im falschen Teich? Suchen wir die Liebe an Stellen, wo wir sie dauerhaft gar nicht finden können? Tatsache ist, dass uns Liebe nicht von außen eingeflößt wird. Wir erleben sie immer in uns. Wäre es da nicht naheliegend, sie auch in uns zu suchen?

> Alles, wonach du suchst, alles, wonach du dich sehnst, wartet darauf, in deinem Innersten gefunden zu werden.

> *»Wer Liebe hat, dem kann vieles fehlen.*
> *Wem Liebe fehlt, dem fehlt alles.«*

Phil Bosmans

Die Quelle der Liebe ist in dir

Wie alle Gefühle, so ist auch die Liebe ein individu-
elles, zutiefst subjektives Erlebnis. Äußere Faktoren
können sie erwecken oder vertreiben. Dennoch wird
sie ausschließlich innerhalb des Menschen erlebt.
Liebe ist eine positive Energie, die in uns bereits vorhanden ist. Sie muss lediglich angeregt werden, das ist
das Entscheidende. Wenn du dich traurig und verzagt
fühlst, bist du nicht an diese Energie angeschlossen.
Dann ist es Zeit zu handeln und dein Energieniveau
wieder zu heben. Setze dich hin und sage: »Ok, jetzt
ist es nötig, mich wieder mit dieser aufbauenden
Energie zu verbinden. Ich will sie in mir spüren, ich
will durch sie leben.« Es ist wie mit dem Bild der Rebe
am Weinstock: Solange sie mit dem Weinstock verbunden ist, wird sie genährt, hat Saft und Kraft. Sobald sie
getrennt wird, verdorrt sie.

Im angebundenen Zustand spürst du dich. Du erlebst
Glück und Fülle. Alle Sorgen sind vertrieben, innerer
Friede stellt sich ein. Du kannst voller Zuversicht agieren und dich leben. Das alles ist mit geringem Aufwand
und zu jeder Zeit möglich. Dazu braucht es nur deine
Bereitschaft, dich auf diese Energie einzulassen und
dich immer wieder mit ihr zu verbinden. Wie das genau
geht, wollen wir uns als Nächstes ansehen.

In jedem Menschen ist Liebe vorhanden. Oft schlummert sie nur so tief, dass sie gar nicht da zu sein scheint. Dann ist es an der Zeit, sie wach zu küssen.

»Ohne die Liebe ist jedes Opfer Last,
jede Musik nur Geräusch,
und jeder Tanz macht Mühe.«

Rumi

Die Liebesmeditation

Wenn du bisher konsequent warst, hast du jetzt zwei Wochen lang regelmäßig geistige Übungen praktiziert. Gratulation! Wahrscheinlich hat sich dadurch in deinem Leben einiges verändert. Nachdem dir die Kerzenmeditation dabei geholfen hat, klar und ruhig zu werden, hast du dich mit deinem inneren Licht verbunden. Es öffnet dir den Zugang zu deiner eigenen Weisheit, welche dir ein tieferes Verständnis für dich und dein Leben vermittelt. Nun geht es darum, dich mit der Komplementärenergie zu verbinden: der Kraft der Liebe.

1. Setze dich aufrecht, aber entspannt an deinen Meditationsplatz
2. Nimm ein paar tiefe Atemzüge. Beginne mit der fünfminütigen Fokussierungsübung. Du blickst mit offenen Augen ins Kerzenlicht und wirst dadurch innerlich leer und ruhig.
3. Nachdem der autoaktive Verstand nach fünf Minuten Kerzenmeditation zur Ruhe gekommen ist, schließe deine Augen und sprich innerlich beim Einatmen »Lie-« und beim Ausatmen »-be«.
4. Baue diese Silben ganz entspannt in deinen Atemrhythmus ein.
5. Verbleibe einfach, ganz ohne Erwartungshaltung, in diesem Rhythmus und nimm wahr, was geschieht.
6. Löse dich nach fünf Minuten wieder aus der Übung, indem du ein paar tiefe Atemzüge nimmst.
7. Führe diese Übung am Morgen und am Abend aus. Deine Übungszeit beträgt täglich zweimal zehn Minuten.

»Gelassenheit ist eine anmutige Form des
Selbstbewusstseins.«

Marie von Ebner-Eschenbach

Eigenwille und Hingabe

Die hier vorgestellten geistigen Übungen sind von der Theorie her einfach. Dein Intellekt könnte rebellieren und sagen: »Das kann doch nicht alles sein.« Dein Wille will vielleicht mehr tun, dein Intellekt will mehr denken, du willst ja vorwärtskommen. Du denkst, du müsstest etwas leisten, um erfolgreich zu sein. Für die Entfaltung deines Geistes ist jedoch eine andere Qualität erforderlich. Deine Willenskraft, die dir auf der Karriereleiter hilft, wird für die Entwicklung deines Bewusstseins zum Hindernis. Es bist nicht du, der dich innerlich voranbringt. Es sind die universellen Energien von Liebe und Licht. Sie wissen, was in deiner Seele zu tun ist, und sie arbeiten hocheffizient. Sie setzen den Hebel an der richtigen Stelle an und drehen jeden Stein um. Auf Seelenebene leisten sie ein Vielfaches von dem, was du mit deinem Eigenwillen bewerkstelligen könntest. Du wirst dich wundern, was diese einfachen Übungen bei dir alles in Bewegung setzen.

Ich habe Menschen kennengelernt, die mit eiserner Disziplin über Jahrzehnte meditiert haben und dennoch das Gefühl hatten, kaum vorangekommen zu sein. Sie wollten etwas mit Willenskraft erreichen, was man letztlich nur geschenkt bekommen kann. Spürst du den Unterschied? Disziplin ist zwar wichtig, reicht aber alleine nicht aus. Es ist wichtig, dass du deinen spirituellen Übungen einen hohen Stellenwert einräumst.

Lasse nicht zu, dass sie von anderen »Verpflichtungen« verdrängt werden. Hier geht es um deine Seele. Sie ist das Einzige, was du für immer behalten wirst, also schenke ihr auch die ihr gebührende Aufmerksamkeit. Deine geistigen Übungen sollten zu Eckpfeilern deines Lebens werden, an denen es nichts zu rütteln gibt. Um Regelmäßigkeit zu gewährleisten, ist also ein gewisses Maß an Disziplin notwendig. Um in der Meditation nicht zu dösen, sondern wach zu bleiben, ist Disziplin notwendig. Um in die meditative Versenkung zurückzukehren, wenn dir der autoaktive Verstand wieder einen Streich gespielt hat, ist Disziplin notwendig. Aber es ist eine liebevolle, sanfte und geduldige Disziplin, keine unerbittliche, zwanghafte. Finde den goldenen Mittelweg zwischen Disziplin und Zwanglosigkeit. Du solltest mit einem Gefühl der Vorfreude in die Meditation gehen. Schließlich geht es ja darum, diese wunderschönen Empfindungen in dir zu erwecken.

Hier gilt es einen wichtigen Punkt zu beachten: Wir haben die Fähigkeit, uns innerlich von Gefühlen zu distanzieren oder uns auf sie einzulassen. Wenn uns im Alltag etwas widerfährt, wodurch negative Emotionen wie zum Beispiel Wut oder Ärger ausgelöst werden, so ist es hilfreich, innerlich auf Distanz zu ihnen zu gehen, gleichermaßen wie ein außenstehender Beobachter. Somit können sie nicht mehr so leicht die Kontrolle über unser Handeln übernehmen. Hier, in der geistigen Übung, ist jedoch genau das Gegenteil erforderlich: Sobald die positiven Empfindungen in dir aufsteigen, ist es wichtig, sie anzunehmen und zuzulassen. Habe keine Scheu davor, dich den erfahrbaren Energien von

Liebe und Licht hinzugeben. Sie werden dich sofort mit Freude, Zuversicht und Kraft belohnen. Sie vertreiben alle Ängste und Sorgen. Sie erhellen Dinge, die du bisher noch nicht verstanden hast. Das alles bekommst du nur geschenkt, wenn du dich ihnen hingibst. Es ist eine »weibliche« Qualität, von der wir hier sprechen. Der aktive Wille ist die ergänzende »männliche« Qualität. Damit ist nicht gemeint, dass ein aktiver Wille »typisch Mann« ist und Hingabe »typisch Frau«. Vielmehr handelt es sich um charakteristische Wesenszüge, die sowohl bei Frauen wie auch bei Männern vorhanden sind, wenn auch in unterschiedlicher Gewichtung. Beides hat seinen berechtigten Platz in deinem Leben. Deine Willenskraft brauchst du, wenn du nach außen gehst. Wenn es darum geht, den Alltag zu bewältigen, Ziele zu erreichen, dann ist der Wille ein wertvoller Diener. In der Meditation jedoch darf er ruhen. Da geht es darum, leer zu werden und dich der Liebes- und Lichtenergie passiv hinzugeben.

Das Leben verläuft in Rhythmen. Phasen der Aktivität wechseln sich mit Phasen der Passivität ab. Genau so sollen sich Phasen der Willenskraft mit Phasen der Hingabe abwechseln. Die Kunst liegt darin, zwischen den beiden Geistesaktivitäten umzuschalten. Wenn du den Kopf noch voller Dinge aus deinem Arbeitstag hast, wo du viel denken und tun musstest, wie kannst du dann praktisch auf Knopfdruck leer werden und dich hingeben? Um diesen Übergang zu erleichtern, ist es wichtig, dass du die geistigen Übungen als selbstverständlichen Bestandteil in deinen Alltag einbaust und so eine Gewohnheit schaffst, deren Automatismus dich unterstützt. So wie dein Körper Bedürfnisse hat, die befriedigt werden wollen, so hat auch deine Seele Bedürfnisse. Sie will Frieden, sie will Liebe, sie will Licht. All das kannst du ihr in Zeiten der spirituellen Übung geben.

> Je mehr du dich den erwachenden positiven Kräften hingibst, desto stärker werden sie.

»Du kannst nichts über Liebe lernen,
Liebe erscheint auf den Flügeln der Gnade.«

Rumi

Der mühsame und der einfache Weg

Es gibt im Grunde zwei Möglichkeiten, wie du auf deinem persönlichen Weg zu einem erfüllten und glücklichen Leben voranschreiten kannst. Der eine ist mühsam, aufwändig, langwierig, aber für die meisten Menschen der einzig gangbare, solange sie die Verbindung zu ihrer Kraftquelle noch nicht entdeckt haben. Dieser mühsame Weg führt über die Höhen und Tiefen menschlicher Erfahrungen, und man ist ständig damit beschäftigt, eine Herausforderung nach der anderen zu bewältigen. Das Leben erscheint wie ein nie enden wollender Kampf gegen Widrigkeiten, der wenig Raum für unbeschwerte Freude lässt. Da geht es zwar voran, aber es ist so, als würdest du dich mit einer Machete durch den Dschungel schlagen. Kaum hast du ein Hindernis bewältigt, stehst du schon vor dem nächsten. In weiter Ferne ahnst du dein Ziel eines befreiten und glücklichen Lebens auf dem Gipfel eines hohen Berges. Bis dorthin hast du aber noch einen langen, mühseligen Weg vor dir.

Stell dir vor, es käme plötzlich ein großer Vogel, ein Adler, der dich da unten sieht und sich sagt: »Dieser arme Mensch muss sich durch den Dschungel quälen. Ich werde ihn sanft mit meinen Krallen an den Schultern packen und hochheben, damit er einmal sieht, wo er sich überhaupt befindet und wo sein Ziel liegt. Dann fliege ich mit ihm direkt zum Berg und setze ihn auf dem Gipfel ab. Damit erspare ich ihm die ganze Mühsal.« Das ist der zweite, der einfache Weg.

Der Adler kennt den Weg zu einem besseren Leben. Wenn du ihn rufst, wird er dich auf dem kürzesten Weg zum Ziel bringen. Der Adler ist nicht außerhalb von dir. Er ist in dir, genauso wie das Ziel in dir liegt. Du erinnerst dich: Dein Ziel ist die Quelle der Erfüllung und vollkommenen Freiheit in dir. Es liegt nicht außerhalb von dir, es liegt nicht in der Zukunft, es liegt in dir, hier und jetzt, du hast es nur noch nicht entdeckt. Der Adler ist die Stimme deiner Seele, die dir ganz leise zuflüstert: »Komm mit mir. Ich führe dich dorthin, wo du vollkommene Erfüllung und ewigen Frieden findest.« Wenn du diese Stimme zum ersten Mal vernimmst, wirst du von einem tiefen Gefühl innerer Freude erfüllt. Deine Sorgen und Leiden sind wie weggeblasen. Du wirst durchströmt von Zuversicht und Kraft. In diesem Moment weißt du: »Das ist es!«

Diese Energie ist es, die dich über den Dschungel des Lebens erhebt und dich sicher ans Ziel bringt. Wenn du lernst, sie in dir lebendig zu spüren, kannst du dich jederzeit mit ihr verbinden. Wenn du diese Verbindung zur bedingungslosen Liebe, die Verbindung zum zeitlosen Licht, immer wieder herstellst, wirst du von innen heraus transformiert. Du wirst seelisch durchlichtet. Seelische Blockaden, die du sonst mühsam bearbeiten müsstest, werden durch diese Liebesenergie Schritt für Schritt aufgelöst.

Der von seinem inneren Licht und seiner inneren Quelle der Liebe getrennte Mensch ist im Außen verhaftet, wo er niemals beständige Erfüllung erreichen kann. Durch das Herstellen der Direktverbindung schlägst du einen vollkommen neuen Weg ein. Alles, was dazu notwendig ist, ist, dieser inneren Stimme zu folgen. Du bist dann, um bei diesem Bild zu bleiben, im Flug unterwegs und nicht mehr zu Fuß. Du kannst das Ziel dann nicht mehr verfehlen. Bist du erst in der richtigen Verbindung, benötigst du keine mentalen Konzepte mehr. Wenn du nur im Verstand bleibst und über mentale Konzepte reflektierst, ohne dabei auf deine innere Stimme zu hören, läufst du Gefahr, dich im Dschungel zu verirren. In der Verbindung mit deinem inneren Licht und deiner inneren Liebe wird alles ganz einfach. Das ist es, was dich wirklich erfüllt, dich emotional glücklich macht, dich stärkt, dich trägt. Mit diesen Energien wirst du nie auf Abwege geraten. Nichts und niemand kann dich mehr in die Irre führen, denn du spürst jederzeit ganz genau, was das Richtige für dich ist.

> In der Verbindung mit dem Licht und der Liebe wird der Weg mühelos.

Kapitel 8

Leben aus der Liebe

>*Das Vergleichen ist das Ende des Glücks
und der Anfang der Unzufriedenheit.*«

Sören Kierkegaard

Minderwertigkeitsgefühle ablegen

Wir vergleichen uns gerne mit anderen Menschen und
stellen dabei häufig fest, dass sie etwas haben, das wir
nicht haben. Wenn wir jemanden für intelligent halten,
kann uns das vor Augen führen, dass wir nicht so intelligent sind. Wenn jemand eine schlanke Figur hat, stört
es uns, dass wir nicht so schlank sind. Ist jemand reich,
so wird uns unsere relative Armut bewusst. Egal, wie
schön, intelligent oder reich wir auch sein mögen, wir
werden bei anderen immer etwas finden, das wir für
begehrenswert halten.

Dieses Minderwertigkeitsgefühl im Vergleich zu anderen hält dich davon ab, Glück und Fülle zu erfahren. Es
ist wie eine Blockade, die den Zugang zu deiner eigenen inneren Quelle verstellt. Anstatt den Blick immer
auf die anderen zu richten, wäre es wesentlich weiser,
ihn ins eigene Sein zu richten. Dort gibt es unendlich
viel zu entdecken. In der immer wieder aufs Neue
fühlbaren Verbindung mit der dir innewohnenden
Lichtkraft entwickelst du eine neue Identität: »Ich bin
nicht meine äußere Erscheinung, ich bin diese Energie,
die ich inwendig in mir spüre und die völlig unabhängig von allen äußeren Merkmalen existiert.« Du bist
nicht dein Körper, du bist nicht dein Geld, du bist nicht
dein sozialer Status, du bist diese positive inwendige
Kraft, die alle Äußerlichkeiten überstrahlt. Äußere
Attribute spielen dann keine so große Rolle mehr. Ein

molliger Mensch wirkt plötzlich attraktiv, ein armer Mensch wirkt von einem inneren Reichtum erfüllt.

Es ist ausschließlich eine Frage der Identifikation. Frage dich: »Identifiziere ich mich mit meinen äußeren Makeln oder identifiziere ich mich mit meiner inneren Fülle?« Diese Entscheidung liegt ganz bei dir. Du brauchst niemanden zu fragen oder äußere Umstände zu verändern. Du allein hast es in der Hand, wie du dich wahrnehmen willst. Wie wir bereits wissen, geht deine Energie dorthin, worauf du deine Aufmerksamkeit richtest. Schenkst du deinen Makeln Aufmerksamkeit, so wirst du sie verstärken. Setzt du dich täglich hin, um dich bewusst mit der unerschöpflichen inneren Quelle der Liebe zu verbinden, so wird diese mächtige Kraft von Tag zu Tag stärker durch dich strömen. Du wirst dich mit ihr identifizieren. Du weißt dann einfach: Ich bin Liebe! Für ein Gefühl von Minderwertigkeit bleibt dann kein Raum mehr. Die Stärken und Schwächen der anderen werden für dich damit bedeutungslos. Du lebst und strahlst aus dir heraus.

Im Vergleichen mit anderen liegt kein Glück. Das kannst du nur in dir finden. Genieße deine Einzigartigkeit!

*»Kehre ein zu dir selbst und sieh dich an, und wenn
du siehst, dass du noch nicht schön bist, so tue wie der
Bildhauer, der fortmeißelt, bis er das schöne Antlitz an der
Büste vollendet hat. Meißle auch du fort, was unnütz, und
mache gerade, was krumm ist, und lass nicht ab, an der
Vollendung deines Bildes zu arbeiten.«*

Plotin

Selbstvertrauen gewinnen

Vielleicht kommen dir folgende Fragen immer wieder einmal in den Sinn: »Ist es richtig, was ich tue?
Erfülle ich die Erwartungen, die an mich gestellt werden?« Vielleicht quälen dich manchmal Selbstzweifel
und du hast das Gefühl, dass es nie gut genug ist, was
du tust. Das kann passieren, wenn du dein seelisches
Wohlbefinden zu sehr vom Urteil anderer abhängig
machst. Wirst du gelobt, fühlst du dich gut, wirst du geta-
delt, fühlst du dich schlecht. Damit gibst du dein Recht
zur Selbstbestimmung auf, trägst aber auch nicht die
Last der Verantwortung für dein Leben. Du wirst kon-
trollierbar, manipulierbar, steuerbar, und es bleibt kein
Raum mehr für Kreativität und Selbstverwirklichung.
Wenn dieser Zustand über längere Zeit andauert, läufst
du Gefahr, zu einem farblosen Produkt deiner sozialen
Umwelt zu werden. Anstatt dich selbst zu leben, erfüllst
du nur noch die Erwartungen, die an dich herangetragen
werden. Du hoffst, dass du im Gegenzug dafür Liebe
und Anerkennung erhältst, doch die bleiben häufig aus.

Ein erfülltes Leben ist nur möglich, wenn du dich
selbst entdeckst und entfaltest. Deine Umwelt wird
es nicht immer gerne sehen, wenn du beginnst, plötz-

lich deine eigenen Wege zu gehen. Für sie ist es angenehmer, wenn du berechenbar bleibst und schön brav deine Aufgaben erfüllst, wie ein kleines Zahnrad in einer großen Maschine. Erst wenn du nicht mehr bereit bist, in diesem Spiel mitzuspielen, kann sich wirklich etwas in deinem Leben verändern. Am besten kannst du das verwirklichen, indem du dich regelmäßig mit der dir innewohnenden Lichtquelle verbindest. Du wirst dadurch unabhängig vom Urteil anderer und mit positiver emotionaler Energie versorgt. Es geht dir gut, ohne dass es dafür einen äußerlich ersichtlichen Grund gäbe. Du brauchst kein Lob, um dich gut zu fühlen, und wenn dich jemand angreifen oder manipulieren will, dann hältst du dem viel leichter stand. Das innere Licht macht dich emotional stark. Im Umgang mit Menschen verleiht dir das eine souveräne Position. Du bist nicht mehr so leicht beeinflussbar. Die anderen werden spüren, dass du Kraft aus dir selbst heraus hast. Das wird dir Respekt verleihen. Es wird dir leichter fallen, dich durchzusetzen, weil du dir deiner Stärke bewusst bist.

Regelmäßiges Auftanken mit innerem Licht macht aus einem Menschen mit mangelndem Selbstwertgefühl eine strahlende Persönlichkeit. Diese Verwandlung vollzieht sich von innen heraus und kann dir von niemandem genommen werden.

> Du hast selbst in der Hand, ob du mit hängendem Kopf oder hoch erhobenen Hauptes durchs Leben gehen willst. Ab sofort hast du die volle Kontrolle, aber auch die volle Verantwortung für dein Leben.

>»Negative Gedankenmuster werden durch
positive ausgeglichen
und schließlich zum Versiegen gebracht.«

Dalai Lama

Ausgeglichenheit erlangen

Ein junger Mann spricht über seine Erfahrungen mit den oben beschriebenen geistigen Übungen und wie sie ihn verändert haben:

»Mein Gefühlsleben hat sich deutlich zum Positiven gewandelt. Meine Anbindung an die Kraft der Liebe und des Lichts ist inzwischen so stark geworden, dass nicht mehr viel Platz für Traurigkeit bleibt. Wenn ich morgens aufwache, fühle ich mich oft noch energielos. Doch nach zehn Minuten Meditation spüre ich diese Verbindung wieder. Es ist, als würden meine Akkus aufgeladen. Diese Energie trägt mich durch den ganzen Tag. Allerdings bin ich abends oft recht geschafft. Ich möchte dann einfach mal nichts tun. Wenn ich mich wieder erholt habe, verspüre ich dann doch manchmal Sehnsucht nach diesen schönen Gefühlen. Ich setze mich dann nochmal hin, nur um mich mit dieser Energie zu verbinden, einfach, weil es mir gut tut. Mich gut zu fühlen, ist zu meinem neuen Orientierungspunkt geworden. Seitdem ist mein Gefühlsleben viel ausgeglichener.

Früher hatte ich große Schwierigkeiten, meine Emotionen im Zaum zu halten. Waren sie zu positiv, hatte ich einen Hang zum Übermut, waren sie zu negativ, drückte sich das in unkontrollierter Wut aus. Ich hatte mich stark mit meinen Emotionen identifiziert. Sie nahmen mich dorthin, wo sie wollten, und so war ich selten in meiner Mitte. Dieser

Zustand stimmte mich zunehmend unzufrieden. Ich wollte ausgeglichener sein, damit ich nicht so viel Energie unnötig vergeudete und auch eine klarere Linie in mein Leben bekam. Durch die geistigen Übungen nahmen die emotionalen Schwankungen ab. Was früher eine emotionale Achterbahnfahrt war, sind heute sanfte Wellen. Ich habe mich besser im Griff und bin die meiste Zeit positiv gestimmt.

Was mich am meisten überrascht hat, ist, dass das Leben nicht langweiliger geworden ist, nur weil ich in einem relativ beständigen Gefühl von Heiterkeit und Zufriedenheit lebe. Ich versinke deswegen ja nicht in Untätigkeit oder erlebe nichts Neues mehr. Im Gegenteil: Das Leben mit seinen aufregenden und spannenden Seiten geht weiter, ich kann es nur noch intensiver genießen. Von Langeweile keine Spur! Ich möchte auch um nichts in der Welt mit meinem früheren Gefühlsleben tauschen.«

»Es gibt keine Grenzen.
Nicht für den Gedanken, nicht für die Gefühle.
Die Angst setzt die Grenzen.«

Ingmar Bergman

Fragen und Erfahrungen:
Liebe löst Ängste auf

In meinem Leben habe ich immer wieder mit Ängsten zu tun. Welche Rolle spielen sie und wie soll ich mit ihnen umgehen?

Stell dir eine leuchtende Glühbirne vor. Sie gibt Licht und Wärme ab. In der geistigen Analogie stehen das Licht für Weisheit und die Wärme für Liebe. In deinem tiefsten Inneren bist du dieses Licht. Es ist dein Wesen. Und jetzt stell dir vor, dass sich Schichten von Schmutz um diese Glühbirne legen. Das Licht und die Wärme werden gedämpft, bis fast nichts mehr durchdringt. Diese Schmutzschichten sind deine Ängste. Sie trennen dich von deinem wahren lichtvollen Sein. Alles, was dir bleibt, ist eine leise Ahnung von diesem Licht in dir. Willst du es wieder zum Strahlen bringen, muss die Glühbirne gereinigt werden. Schicht für Schicht arbeitest du dich durch die Verschmutzungen hindurch, bis am Ende nur noch reines Licht übrigbleibt. In einfachen Worten formuliert ist das der Weg aus einem unbefriedigenden Dasein in ein erfülltes und glückliches Leben. Du bringst dein eigenes Licht wieder zum Leuchten.

Wie kann ich konkret meine »Glühbirne« reinigen?

Es gibt zwei große Gruppen von Ängsten: Irrationale Ängste, die durch die eigenen Vorstellungen hervorgerufen werden, und im Unbewussten abgelagerte Ängste, die auf vergangenen traumatischen Erfahrungen beruhen. Irrationale Ängste werden durch die Aufmerksamkeit genährt, die du ihnen gibst. Entziehst du ihnen die Aufmerksamkeit, verlieren sie auch ihre Kraft. Konkrete Beispiele dafür sind Ängste, die durch die modernen Medien im Menschen hervorgerufen werden. Medienunternehmen leben von Aufmerksamkeit. Starke Emotionen wie Angst generieren Aufmerksamkeit. Deswegen sehen wir so viel Angstmachendes im Fernsehen. Die dabei entstehenden Ängste sind jedoch weitgehend irrational. Wenn du dich von ihnen befreien willst, reicht es aus, diese Mechanismen zu verstehen und diesen Angstfaktoren deine Aufmerksamkeit zu entziehen. Sie verlieren dann sofort die Macht über dich. Es ist vergleichbar mit einem Zaubertrick: Solange du nicht durchschaust, wie er funktioniert, bist du fasziniert. Sobald du jedoch hinter die Kulissen blickst, verblasst der Zauber. Der Trick wirkt nicht mehr.

Nicht ganz so einfach ist es mit abgelagerten Ängsten in deiner Psyche. Sie gehen nicht einfach dadurch weg, dass du sie verdrängst. Genau die gegenteilige Herangehensweise ist oft erforderlich. Ich möchte dir dazu ein konkretes Beispiel aus meiner eigenen Lebensgeschichte geben:

Als ich Student war, kam ich auf meinem Weg zur Universität immer an der Zentrale des Roten Kreuzes vorbei. Dabei musste ich jedes Mal an Unfälle und Blut denken. Dieser

Gedanke löste Schaudern in mir aus. Das störte mich, und ich dachte mir: »Das kann doch nicht sein! Warum löst der Gedanke an Blut so eine starke Angst in mir aus?« Intuitiv erkannte ich, dass ich mich dieser Angst stellen musste. So beschloss ich, freiwilliger Sanitäter beim Roten Kreuz zu werden. Schon im Ausbildungskurs wurde ich mit Fotos von schweren Verletzungen konfrontiert. Einmal musste ich vor Übelkeit sogar den Saal verlassen, doch ich ließ nicht locker. Als ich dann im Rettungsdienst war, kamen auch schon bald die ersten schweren Fälle auf mich zu. Mit Hilfe meiner Kollegen konnte ich sie gut bewältigen. Über die Wochen und Monate stellte ich fest, wie die Angst abnahm und sich eine gewisse Routine einstellte, bis die Angst schließlich ganz weg war. Danach fühlte ich mich wie befreit.

> Dich auf deine Ängste einzulassen, die aus deinem Unbewussten aufsteigen, ist der wichtigste Schritt hin zu ihrer Auflösung. Damit trägst du die Verunreinigungen ab, die dein inneres Licht und die damit verbundene Liebe verhüllen. Mit jeder abgetragenen Schicht fühlst du Erleichterung und mehr Lebensfreude.

Aus dieser Erfahrung habe ich gelernt, wie hilfreich es ist, auf meine Ängste zuzugehen und mich auf sie einzulassen. Hätte ich das nicht getan und stattdessen die Angst nur verdrängt, würde ich wahrscheinlich heute noch darunter leiden. Wenn ich wieder eine Angst in mir entdecke, sage ich mir: »Interessant, hier gibt es einen Punkt, an dem ich Angst verspüre. Was ist der Auslöser und wie kann ich das Angstgefühl überwinden?« Ich habe immer wieder die Erfahrung gemacht, dass das bewusste Durchschreiten von Ängsten zu ihrer Auflösung führt. So konnte ich Schicht für Schicht die Verunreinigungen meiner »Glühbirne« abtragen, was ich jedes Mal als einen Schritt in größere Freiheit und gesteigerte Lebensfreude empfand.

Du hast jetzt in deiner Erfahrung eine Angst beschrieben, die nicht wirklich schwerwiegend und lebensbedrohlich war. Ich leide immer wieder unter unerklärlicher Angst vor dem Sterben. Hast du auch schon einmal Todesangst erlebt? Wie geht man mit so etwas um? Denn sterben müssen wir ja alle.

Ja, ich hatte ein paar Erlebnisse, wo ich mit Todesangst konfrontiert war. Hier ein Beispiel:

Aufgrund von chronischen Atembeschwerden war es notwendig, mich einer Operation der Nasenscheidewand zu unterziehen. Ich erwachte nach dem Eingriff in meinem Krankenzimmer. Die Nase war bis in den Rachen hinunter mit Tamponaden vollgestopft. Ich merkte, dass etwas nicht stimmte. Ich spürte ein Rinnsal durch meine Speiseröhre. Die Blutung war nicht zum Stillstand gekommen. Das Blut floss in meinen Magen. Ein Arzt kam, um sich das anzusehen, und meinte, das müsse beobachtet werden. Ich spürte seine Beunruhigung. In mir begann Angst hochzusteigen. Mir wurde bewusst, dass daraus eine lebensbedrohliche Situation entstehen konnte. Die Kontrollintervalle verkürzten sich, doch die Situation verbesserte sich nicht. Ich verlor kontinuierlich Blut. Meine Angst wuchs sich zu Todesangst aus. Ich versuchte, mit positiven Gedanken dagegen zu halten, doch nichts half. Jeder Widerstand war zwecklos. Dann entschloss ich mich, eine 180-Grad-Wendung vorzunehmen und mich voll und ganz in mein Schicksal zu ergeben, egal was kommen mochte. Ich kapitulierte vor der Angst und ließ sie zu. Sie erfüllte mich durch und durch, doch erstaunlicherweise hielt sie nicht lange an. Schon nach kurzer Zeit wurde sie schwächer, und dann geschah etwas, womit ich nicht gerechnet hätte. Ein unerwartetes Gefühl von Leichtigkeit und Frieden stellte sich ein. Alles war in Ordnung, so wie es war. Die Angst war verflogen. An ihre Stelle trat ein tiefes Gefühl von Wärme und Geborgenheit. Kurze Zeit darauf erfolgte die nächste Kontrolle. Der Arzt stellte fest, dass die Blutung zum Stillstand gekommen war.

> Liebe ist so intensiv im Auflösen von Ängsten, dass du den Prozess oft gar nicht mehr bewusst mitbekommen wirst. Das ist eine positive Nebenwirkung regelmäßigen geistigen Übens. Dein Leben wird dadurch zunehmend angstfreier.

Das war eine Extremsituation, wie man sie normalerweise nicht so häufig erlebt, aber wir werden relativ häufig mit weniger dramatischen Ängsten konfrontiert. Ich habe daraus gelernt, wie wichtig es ist, meine unbewussten Ängste anzunehmen, sobald sie in der bewussten Wahrnehmung auftauchen. Es war ein innerer Reinigungsprozess, der mich näher an mein inneres Licht heranführte. Wenn dir bewusst wird, welche zentrale Bedeutung Ängste für deine Entwicklung haben, wirst du ihnen ganz besondere Aufmerksamkeit schenken. Jede Angst ist eine Tür zu einem größeren Sein. Es kostet eine gewisse Überwindung, hindurch zu gehen, aber der Lohn, den du dafür erhältst, überwiegt den aufzubringenden Mut bei weitem. Die meisten begehen den Fehler, ihre Ängste zu verdrängen. Sie gehen nie durch ihre inneren Türen und bleiben deshalb ein Leben lang auf engstem Raum eingesperrt. Der Gedanke auszubrechen macht ihnen noch mehr Angst, als in ihrer vertrauten Zelle zu verharren. Je öfter es dir gelingt, deine Ängste zu überwinden, desto mehr wirst du feststellen, dass sie nicht mehr sind als Schall und Rauch. Sie haben keine Substanz. Sie sind purer Schein.

Hier sei noch erwähnt, dass man natürlich nicht all seine Ängste alleine bewältigen muss. Oft ist es ratsam, professionelle Hilfe heranzuziehen.

Du kannst diesen Prozess mit den in diesem Buch beschriebenen Übungen fördern. Sie richten deinen inneren Blick direkt auf das Licht und die Liebe in dir aus. Das wirkt wie ein Brandbeschleuniger. Liebe ist das genaue Gegenteil von Angst. Die bewusste Ausrichtung deiner Aufmerksamkeit auf die Kraft der Liebe in dir wirkt. Alles Dunkle wird sofort vertrieben. Das unangenehme Durchleben von Angstgefühlen wird verkürzt und das schöne Liebesgefühl intensiviert.

Kapitel 9

Das 3-Wochen-Übungsprogramm

Das 3-Wochen-Übungsprogramm im Überblick

ERSTE WOCHE - Jeweils morgens und abends

1 x 5 Minuten Kerzenmeditation
    Kerze mit geöffneten Augen betrachten,
    nicht abschweifen, nicht denken

ZWEITE WOCHE - Jeweils morgens und abends

1 x 5 Minuten Kerzenmeditation
1 x 5 Minuten Lichtmeditation - »Licht« beim
    Einatmen

DRITTE WOCHE - Jeweils morgens und abends

1 x 5 Minuten Kerzenmeditation
1 x 5 Minuten Liebesmeditation
    »Lie-« beim Einatmen, »-be« beim Ausatmen

>>*Blick in dein Inneres.*
Da ist die Quelle des Guten,
die niemals aufhört zu sprudeln,
wenn du nicht aufhörst zu graben.<<

Marc Aurel

Wie geht es nach drei Wochen weiter?

Du hast jetzt drei Wochen regelmäßigen Übens hinter dir. Mittlerweile wirst du einen guten Eindruck von den Auswirkungen auf deinen Geist haben. Du wirst wahrscheinlich bemerkt haben, dass du in den Minuten und Stunden nach einer Kerzenmeditation sehr zentriert und ausgeglichen bist. Dieser positive Effekt lässt mit der Zeit jedoch wieder nach. Der Alltag mit seinen vielfältigen Gedanken wird dich wieder vereinnahmen. Musst du dich über etwas ärgern, nehmen die Segnungen der Meditation rasch wieder ab. Damit du einen nachhaltigen Nutzen hast, solltest du eine Regelmäßigkeit etablieren. Beginne jeden Tag mit einer Übung. Der Morgen ist die wertvollste Zeit. Die Aktivität des Tages liegt noch vor dir. Hast du erst einmal erfahren, wie viel besser dein Tag verläuft, wenn du morgens meditiert hast, wirst du es nicht mehr missen wollen. Ideal wäre, wenn du auch am Abend noch eine Sitzung einplanen könntest, denn dadurch teilst du den Tag in etwa zwei Hälften. Du kannst dadurch eventuelle negative Einflüsse des Arbeitstages kompensieren und mit einer guten Energie in den Schlaf gehen. Dein Geist ist im Schlaf aktiv, auch wenn du dir dessen nicht immer bewusst bist. Es macht also einen Unterschied, mit welcher Energie du zu Bett gehst.

Du hast drei verschiedene Meditationstechniken kennengelernt: die Kerzenmeditation, die Lichtmeditation und die Liebesmeditation. Die Kerzenmeditation ist das Fundament, auf dem die beiden anderen aufbauen. Sie sorgt für einen klaren Fokus und innere Ruhe, indem sie den autoaktiven Verstand ausschaltet. Erst dadurch können die beiden anderen Methoden ihre volle Wirkung entfalten.

Nun hast du bemerkt, dass in der zweiten Woche die Lichtmeditation mit der Kerzenmeditation und in der dritten Woche die Liebesmeditation mit der Kerzenmeditation kombiniert wurde. So konntest du die unterschiedliche Wirkungsweise der beiden Energien kennenlernen. Jetzt hängt es von dir ab, wie du sie gewichten willst. Wenn es dir schwer fällt, deine Gefühle zuzulassen, ist es empfehlenswert, die Liebesenergie zu stärken. Bist du hingegen ein sehr emotionaler Mensch, solltest du mehr Gewicht auf die Lichtmeditation legen. So hast du ein Werkzeug an der Hand, wie du bewusst diese beiden Qualitäten in Balance bringen kannst. Das ist das erstrebenswerte Ziel. Erst wenn beides im Gleichgewicht ist, bist auch du im Gleichgewicht, was die optimale Grundlage für ein von Glück erfülltes Leben bildet. Tendenziell ist die Herzenergie bei Frauen stärker ausgebildet, wohingegen bei Männern häufig die Kopfenergie überwiegt. Meist haben wir uns an unsere Unausgewogenheit schon so sehr gewöhnt, dass es eine kleine Überwindung kostet, sich auf die schwächer ausgeprägte Komplementärenergie einzulassen. Männern fällt es manchmal schwerer, sich auf die Liebesenergie, Frauen haben manchmal Probleme, sich auf die Lichtenergie einzulassen. Gibt man sich jedoch einen kleinen Ruck und überwindet diese

Hemmschwelle, so wird das meist als sehr wohltuend empfunden.

Höre auf deine innere Stimme, um herauszufinden, welche Energie gefördert werden will. Du kannst dich vor der Meditation innerlich fragen: »Brauche ich jetzt mehr Licht oder Liebe?« Du wirst sofort einen klaren Impuls verspüren, was für dich gerade notwendig ist. Folge ihm. Es kann sogar sein, dass du dich für mehrere Wochen nur auf eine Energie konzentrieren willst. Auch deine aktuelle Lebenslage ist entscheidend für die Wahl der passenden Meditationsenergie. Machst du gerade eine emotional schwierige Phase durch, zum Beispiel durch den Verlust eines geliebten Menschen, so kannst du dich mit Hilfe der Liebesmeditation aus dem Gefühlstief holen. Erfährst du in deinem Leben gerade verstärkt Ängste, so ist die Liebesenergie das beste Gegenmittel. Liebe löst Angst auf. Stehst du hingegen vor wichtigen Entscheidungen oder bist gerade unschlüssig, wie es konkret in deinem Leben weitergehen soll, dann verbinde dich bevorzugt mit der Lichtenergie. Sie ist es, die die Quelle der Inspiration in dir zum Sprudeln bringt.

Wenn du eine Zeit durchlebst, die dich sehr fordert und innerlich aufwühlt, sollte deine oberste Priorität die Wiedererlangung der inneren Ruhe sein. Sie ist deswegen so wichtig, weil du ohne sie kaum konstruktiv agieren kannst. Bist du zu aufgewühlt, um die Kerzenmeditation durchzuführen, so hilft dir die im 3. Kapitel beschriebene Atemübung, wieder zur Ruhe zu kommen.

Du siehst, dass es sehr von deiner Persönlichkeitsstruktur und deinem aktuellen Gemütszustand abhängt, welche geistige Übung für dich gerade am geeignetsten ist. Nutze die Methode, die sich für dich am besten anfühlt.

Es kann sein, dass du durch den hier vorgestellten Weg außergewöhnliche innere Wahrnehmungen und äußere Erfahrungen machen wirst, die du bisher noch nicht erlebt hast. Dazu sei erwähnt, dass das erst der Anfang ist. In jedem Menschen steckt ein gewaltiges Potential, welches durch diese Übungen schrittweise freigelegt wird. So ist es nicht verwunderlich, wenn du Fähigkeiten in dir entdeckst, von denen du gar nicht wusstest, dass du sie hast.

> Wenn du dir diese Übungen zur Gewohnheit machst, wird sich dein gesamtes Leben grundlegend zum Positiven verändern.

*»Der höchste Genuss besteht in der Zufriedenheit
mit sich selbst.«*

Jean-Jacques Rousseau

Was eine gute Meditation ausmacht

Woran erkennst du, ob die Meditation gut war? Was
sind die Kriterien für eine gute Meditation? Kurz
gesagt, das einzige Ziel geistigen Übens liegt darin,
die Energien des Lichtes und der Liebe in dir zu erwecken, dich von ihnen erfüllen zu lassen und sie in dir
zu bewahren. Darum geht es. Entscheidend ist nicht,
wie oft du die Worte innerlich wiederholst oder dass
du eine Stunde lang in innerer Leere verharren kannst.
Disziplin ist hilfreich, aber es geht nicht darum, sport-
liche Höchstleistungen zu erzielen. Du übst schließlich
für dein seelisches Wohlergehen.

Eine Meditation war erfolgreich, wenn du dich danach
wohler fühlst als zuvor. Du wirst feststellen, dass es dir
mit fortschreitender Übung immer leichter fallen wird,
in diese erfüllende Energie zu kommen. Der autoaktive
Verstand lässt sich leichter beruhigen, die Energien
strömen schneller in dich ein. Du wirst in deiner inneren Ausrichtung immer klarer. Schon ein Gedanke
genügt und die Energie ist sofort da, ganz mühelos.

Du kannst dir dein energetisches System wie ein
Wasserrohr vorstellen. Weil du es bisher noch nie
bewusst benutzt hast, ist es durch die Ablagerungen
des autoaktiven Verstandes verschmutzt. Wenn du den
Energiehahn aufdrehst, will es noch nicht so recht fließen. Die Verunreinigungen müssen erst herausgespült

werden. Doch mit der Zeit wird die Leitung immer reiner, und die Energien können ungehindert fließen. Du wirst diese wohltuenden Kräfte nicht mehr missen wollen und wirst dich fragen: »Wie konnte ich bisher ohne sie leben?«

Ziel der Meditation ist, die Kraft des Lichts und der Liebe in dir zu erwecken, dich von ihr erfüllen und sie durch dich wirken zu lassen.

Kapitel 10

Liebe zu dir selbst

>>*Es muss auch Spiel und Unschuld sein*
und Blütenüberfluss,
sonst wär' die Welt uns viel zu klein
und Leben kein Genuss.«

Hermann Hesse

Nimm dir Zeit für dich

Der Mensch ist ein Wesen von unergründlicher Tiefe. In ihm liegen Fähigkeiten verborgen, die seine kühnsten Träume bei weitem übersteigen. Einige wenige wissen das und machen sich an die Hebung des Schatzes, der in ihnen verborgen liegt. Die überwiegende Mehrheit jedoch führt ein Leben in eintönigem Trott. Chancen werden ausgelassen, Potential liegt brach. Warum ist das so?

Viele von uns sind in einem Hamsterrad von Verpflichtungen gefangen. Eine Aufgabe jagt die nächste, und kaum hätten wir die Zeit, einmal innezuhalten, ist der Tag auch schon wieder vorbei. So fliegen die Jahre dahin, und wir fragen uns eines Tages: »War das schon alles?« Es ist der autoaktive Verstand, der uns auf Trab hält. Ihm fällt ständig etwas ein, was wir noch tun müssten, was wir uns noch im Fernsehen ansehen müssten, was wir noch konsumieren müssten. Der unbewusste Mensch bewundert die vielfältigen glitzernden Wellen auf der Oberfläche des Bewusstseinssees und denkt, das sei das Leben. Was ist, wenn ein unvorhergesehenes Ereignis eintritt, ein Unfall, Arbeitslosigkeit, Krankheit, Scheidung oder die Midlife-Crisis? Der Mensch wird dann aus der Bahn geworfen. Ob er will oder nicht, wird er dann dazu gezwungen, aus dem

Rausch seines Hamsterrades auszusteigen und sich zu fragen, was er hier eigentlich macht. Bei vielen markieren solche gravierenden Erlebnisse oft den Start der Suche nach dem Sinn des Lebens. Doch so weit muss es erst gar nicht kommen, wenn du beginnst, dein Leben aus eigenem Antrieb zu hinterfragen.

Vielleicht taucht in dir der Verdacht auf, dass sich unter der Oberfläche des Augenscheinlichen noch viel mehr verbirgt. Die glitzernden Wellen verlieren für dich mehr und mehr an Reiz. Jetzt willst du wissen, was es auf dem Grund des Sees zu entdecken gibt.

Doch diese Entdeckungsreise kannst du nur antreten, wenn du nicht rund um die Uhr im Hamsterrad laufen musst. Schaffe dir Freiräume, die du bisher nicht hattest. Schreibe auf, welche Tätigkeiten und Aufgaben dein Leben ausfüllen, und dann hinterfrage, was davon wirklich notwendig ist. Vielleicht kannst du deinen Konsum reduzieren und damit den finanziellen Druck verringern, der auf dir lastet. Je weniger du brauchst, desto mehr Freiheit gewinnst du. Digitale Medien nehmen viel Zeit in Anspruch. Frage dich, welche Informationen für dich wirklich von Nutzen sind. Worauf könntest du verzichten? Das sind alles Maßnahmen, die dem autoaktiven Verstand Energie entziehen. Wenn du dann noch daran arbeitest, mit Hilfe der hier beschriebenen geistigen Übungen dein inneres Potential zu erschließen, wird sich dir eine neue Welt eröffnen, die viel spannender ist als alles, was du bisher erlebt hast. Schon während der Meditation und unmittelbar danach kann es sein, dass eine Fülle von Ideen auf dich einströmt, begleitet von einem tiefen Glücksgefühl. Es gibt so vieles, was du im Leben verwirklichen könntest. Vielleicht träumst du davon, deinem Leben eine völlig neue Richtung zu geben, ein Instrument zu lernen oder eine Weltreise zu machen.

In dir stecken Sehnsüchte, die gelebt werden wollen. Sie können nur ans Licht des Bewusstseins gelangen, wenn du ausreichend Ruhe und Zeit für dich selbst hast. Anstatt ein von äußeren Dingen Getriebener zu sein, gönne dir den Freiraum, um herauszufinden, was deines ist, was dich interessiert, wie du leben willst. Du meinst, das wäre schön, aber dazu fehle dir einfach die Zeit? Nun, du hast die Wahl: Willst du deine begrenzte Lebenszeit damit verbringen, bis zur Erschöpfung im Hamsterrad zu laufen, oder willst du beginnen, dich endlich selbst zu leben? Erfüllung erlangst du nur, wenn du den zweiten Weg wählst. Der andere führt nur in die Frustration und im schlimmsten Fall zum Burnout. Das soll nicht heißen, dass du Hals über Kopf all deine Verpflichtungen über Bord werfen solltest. Aber selbst in deinem Leben gibt es Möglichkeiten, Freiräume für dich zu schaffen. Sobald du die ersten Schritte tust, wirst du feststellen, dass es leichter ist, als du gedacht hättest. Die meisten Argumente, die dagegen sprechen, sind eher Ausreden, damit du nicht aus deiner Komfortzone ausbrechen musst. Der Weg zu dir ist ein Abenteuer, das es wert ist, erlebt zu werden. Es ist das Einzige, was dem Leben wirklich Wert verleiht.

Als ich mit 19 Jahren auf meiner ersten großen Reise im Flugzeug nach New York saß, sagte eine weise schwarze Frau neben mir: »If there is something you want to do in life, jump right in!« Diesen Rat habe ich seither immer befolgt und niemals bereut.

Dich selbst zu entdecken, ist das größte Abenteuer. Nimm dir die Zeit und schaffe dir den Freiraum, es zu erleben.

»Ziel des Lebens ist Selbstverwirklichung. Das eigene Wesen völlig zur Entfaltung zu bringen, das ist unsere Bestimmung.«

Oscar Wilde

Erkenne dich selbst

Glück ist etwas, das du in dir kultivieren kannst. Dazu ist es wichtig, dich selbst erst einmal richtig kennen zu lernen. Frage dich: »Wer bin ich eigentlich? Was macht mich zu dieser einzigartigen Persönlichkeit?« Mache es dir zur Gewohnheit, dich selbst zu erforschen. Was macht dich eigentlich glücklich? Welche Gedanken denkst du? Welche Emotionen erlebst du? Wie verhältst du dich anderen gegenüber? Welche Worte wählst du? Welche Handlungen setzt du und warum?

Du hast wie jeder Mensch die Gabe, dich selbst fast wie ein Außenstehender zu beobachten. Sei dabei ganz ehrlich zu dir. Sieh dich so, wie du bist, und nicht so, wie du dich selbst sehen willst oder wie du von anderen gesehen werden willst. Nur so bekommst du ein akkurates Bild deiner aktuellen Persönlichkeitsstruktur, ohne Wenn und Aber. Durch die bewusste Selbstbeobachtung beginnst du, dich mit anderen Augen zu sehen. Manches wird dir an dir gut gefallen, Anderes weniger. Das macht aber nichts, denn du hast dir ja vorgenommen, etwas zu verändern. Jetzt geht es darum, herauszufinden, wo du den Hebel ansetzen kannst. Es kann zum Beispiel sein, dass du in bestimmten Situationen immer wieder aufbrausend reagierst. Kleinigkeiten genügen schon, um dich aus der Fassung zu bringen. Wenn du dich dann wieder beruhigt hast, tut es dir fast leid, dass du so reagiert hast. Vielleicht hast du durch deine Reaktion jemand anderen verletzt, was aber gar nicht deine Absicht war. In dir scheint es eine Art Knopf zu geben. Wenn auf ihn gedrückt wird, kommt automatisch eine heftige Reaktion, die du im Nachhinein bereust. Reue ist ein Hinweis deiner Seele auf einen Punkt, an dem du arbeiten solltest. Sie sagt dir: »Hier gibt es etwas, wo du dir selbst und den Menschen um dich herum das Leben leichter machen kannst.« Allein die Tatsache, dass du jetzt um diesen Knopf weißt, ist schon ein großer Schritt in Richtung Lösung.

Wenn du das nächste Mal wieder auf eine ähnliche Situation stößt, wirst du bemerken: »Ah, das kenne ich schon!« Du erlebst den Auslöser für deine übliche Reaktion viel bewusster, wodurch sich dir ein völlig neuer Handlungsspielraum eröffnet. Du hast den Automatismus unterbrochen und kannst zum bewussten Akteur werden, indem du dir sagst: »Ich spüre den Impuls, wie ich normalerweise reagieren würde, aber dieses Mal mache ich es anders.« Vielleicht findest du einen Weg, ab sofort mit so einer Situation entspannt und konstruktiv umzugehen. Meist hilft es schon, einmal tief durchzuatmen, dich innerlich zu sortieren und dann auf die neue Art zu reagieren. Deine Umwelt, die dein übliches Reaktionsmuster aus Erfahrung kennt, wird positiv überrascht sein und sich sagen: »Das hätte ich jetzt nicht von ihr/ihm gedacht.« In so einem Moment kannst du auch auf dich selbst stolz sein, denn du hast einen Knoten in deinem Charakter gelöst und bist dadurch etwas mehr zu dem Menschen geworden, der du eigentlich sein willst.

Unbewusstes Verhalten gründet in einem ausgeprägten autoaktiven Verstand. Er diktiert das Denken und somit das Handeln. Manche Menschen wirken regelrecht fremdgesteuert. Sie folgen blind den Impulsen des autoaktiven Verstandes. Übungen zur Förderung der Gedankenstille, wie zum Beispiel die Kerzenmeditation, machen zunächst einmal den schädlichen Wirkmechanismus bewusst. Du erlebst ein kleines Erwachen und fragst dich plötzlich: »Warum habe ich das immer so gemacht? Ich habe nie wirklich darüber nachgedacht, dabei könnte ich es doch besser machen.

> Je ruhiger der autoaktive Verstand wird, desto klarer werden dein Denken, Fühlen und Handeln.

Wir Menschen sind alle im Grunde mit derselben Bandbreite an Lebenssituationen konfrontiert. Früher oder später erfahren wir alle Leid, Freude, Eifersucht,

Verzweiflung, Liebe, Ablehnung usw. Wir haben nicht viel Einfluss auf das, was uns widerfährt, es liegt jedoch an uns, wie wir darauf reagieren. Ein Sprichwort sagt: »Das Schicksal mischt die Karten, aber du spielst das Spiel!« Du hast es in der Hand, wie du auf deine Lebensumstände reagieren willst. Um deinen Handlungsspielraum zu erweitern, ist es deshalb oft hilfreich, die Verhaltensmuster anderer zu beobachten. Wenn es zum Beispiel im Beruf zu einer Situation kommt, die nicht dich direkt betrifft, sondern eine Arbeitskollegin, so kannst du dir sagen: »Ach ja, diese Situation kenne ich und ich weiß, wie ich üblicherweise darauf reagieren würde. Ich bin gespannt, wie sie mit dieser Situation umgeht.« Du wirst möglicherweise feststellen, dass sie eine ganz andere Herangehensweise entwickelt hat, die aber auch gut funktioniert. So kannst du dein Repertoire an Denk- und Verhaltensmustern über deinen bisher begrenzten Bereich hinaus erweitern.

Achtsamer Umgang mit dir und deinen Mitmenschen ist ein mächtiges Werkzeug, um dich selbst besser kennenzulernen und deinen Charakter positiv zu formen. Du befreist dich aus deinem Reiz-Reaktions-Schema und wirst mit der Zeit zu einer bewusst agierenden Persönlichkeit. Dadurch kannst du Konflikte vermeiden und das Zusammenleben mit deinen Mitmenschen deutlich harmonischer gestalten. Du wirst an Selbstachtung gewinnen, weil du dir deiner Charakterstärke zunehmend bewusst wirst.

> Achtsamkeit im Umgang mit anderen und mit dir selbst befreit dich aus der Versklavung durch den autoaktiven Verstand.

◊

> *»Arbeite, als würdest du das Geld nicht brauchen.*
> *Liebe, als hätte dich nie jemand verletzt.*
> *Tanze, als würde niemand zusehen.*
> *Singe, als würde niemand zuhören.*
> *Lebe, als wäre der Himmel auf Erden.«*
>
> Mark Twain

Bleibe bei dir

Ein befreundeter Schauspieler erzählte folgende Begebenheit:

»Vor einigen Jahren wurde ich in eine Improvisationstheatergruppe eingeladen. Es war eine Truppe sympathischer Leute zwischen zwanzig und vierzig. Obwohl ich eigentlich nur als Zuseher gekommen war, wurde ich gleich dazu animiert, aktiv mitzumachen. Zuerst war ich etwas überrascht, doch bald machte es mir Spaß, mich auf die verschiedenen Improvisationsübungen in dieser ungezwungenen Atmosphäre einzulassen. Man konnte ja nichts falsch machen, sagte man mir.

Bei einer Übung standen zwei Akteure auf der Bühne. Der Rest der Gruppe wurde zu Zuschauern. Es ging darum, mit dem Rücken zum Publikum zu stehen, sich auf Kommando umzudrehen und eine bestimmte Körperhaltung einzunehmen, die man sich spontan einfallen ließ. Aus dieser Position heraus startete einer der beiden Akteure einen Dialog, indem er die Position interpretierte. Zum Beispiel sagte er zum anderen: »Die Schubkarre ist aber ganz schön schwer.« Somit war die Situation definiert. Der andere reagierte entsprechend darauf, und so entwickelte sich eine amüsante Szene zweier Gartenarbeiter, ganz spontan und nicht abgesprochen. Das ist der Reiz des Improvisationstheaters.

Als ich mit meiner Partnerin an der Reihe war, fühlte ich mich unwohl und nervös. Ich wollte, dass etwas Spannendes herauskam, also entwickelte ich schon in der Vorbereitung eine fertige Geschichte in meinem Kopf. Als es dann zur Umsetzung kam, nahm meine Partnerin eine Position ein, die so überhaupt nicht in meine Geschichte passen wollte. Trotzdem hielt ich innerlich an meinem Konzept fest, was dazu führte, dass das Ergebnis ziemlich steif und gestellt wirkte. Das ging ein paar Mal so und ich war mit dem Ergebnis nicht sehr glücklich. Bei den anderen wirkte alles viel lockerer und war auch unterhaltsam anzusehen. Darauf beschloss ich, etwas an meiner Haltung zu ändern. Ich entschied, mir keine Geschichte im Vorhinein auszudenken und mich auf die Ungewissheit der Situation einfach einzulassen. Ich versuchte, gedanklich so leer wie möglich zu sein. Alle Gedanken, ob es den anderen gefallen würde, ließ ich fallen. Der Effekt war verblüffend: In der Sekunde, in der eine Idee gebraucht wurde, war sie sofort da, und dann kam die nächste und die nächste. Alles schien auf natürliche Weise zu fließen. Die Geschichte entwickelte sich mühelos aus der Situation. Ich fühlte mich in meiner Rolle plötzlich pudelwohl. Das *kleine Publikum war begeistert, und ich spürte zum ersten Mal, wie schön es ist, Menschen als Darsteller auf der Bühne Freude zu bereiten.*

Dieses Erlebnis war für mich eine Schlüsselerfahrung. Ich erkannte, dass mir Inspiration zufließt, wenn ich am wenigsten denke. Es war nicht notwendig, nachzudenken, um etwas zu kreieren. Ich musste es einfach nur fließen lassen. Alles, was ich dazu brauchte, war das Vertrauen, dass mir im entscheidenden Moment der richtige Einfall schon kommen würde. Als ich es schaffte, alle Gedanken loszulassen und ganz bei mir zu bleiben, lief es am besten.

Später lernte ich, dass dies ein Grundprinzip der Schauspielkunst ist. Man nennt es Präsenz. Es ist diese Fähigkeit eines Schauspielers, voll im Hier und Jetzt zu sein, eins zu sein mit der Rolle, die er gerade verkörpert. Erst dann springt der Funke auf den Zuschauer über.«

Diese Geschichte ist ein schönes Beispiel dafür, wie der Verstand, wenn er an der falschen Stelle eingesetzt wird, die natürliche Intuition blockiert. Wie gesagt, kann unser Geist nicht beides gleichzeitig: spontan sein und analytisch denken. Je nach Situation ist entweder das Eine oder das Andere gefragt. Besonders, wenn wir vor Menschen stehen und etwas vermitteln sollten, ist es wichtig, im intuitiven Modus zu sein. Er liefert uns sofort die Impulse, die wir brauchen, um uns der Situation entsprechend zu verhalten. Für die anderen wirken wir dadurch authentisch und echt. Indem wir auf unsere Intuition vertrauen, kann uns auch nichts mehr so leicht aus der Ruhe bringen. Wenn zum Beispiel in der Familie oder im Büro Hektik herrschen, bleibst du dennoch Herr der Lage. Durch das »Bei-dir-bleiben«

spürst du sofort, was getan werden muss, ohne lange zu zögern.

> Wenn du Fokussierungsübungen wie die Kerzenmeditation regelmäßig praktizierst, wirst du feststellen, wie du immer leichter bei dir bleiben kannst. Du fühlst dich mit dir selbst in unmittelbarem Kontakt. Ohne lange zu zögern, weißt du, was gerade zu tun ist. Dein Handeln wird authentisch und kraftvoll.

»Der größte Fehler, den du im Leben machen kannst, ist, Angst davor zu haben, einen Fehler zu machen.«

Elbert Hubbard

Raus aus der Komfortzone

Jeder von uns hat einen klar begrenzten Aktionsradius, der ihm vertraut ist. In dieser »Komfortzone« fühlen wir uns wohl. Wir wissen, was wir zu tun haben und welche Konsequenzen das hat. Die Komfortzone wird durch unsere individuellen Gewohnheiten, durch gesellschaftliche Traditionen, durch etablierte Rollen definiert. Wenn du eine Rolle als Mutter oder Lehrer annimmst, werden damit gewisse Erwartungen verbunden. Die Rolle selbst gibt dir vor, wie du dich zu verhalten hast.

Gesellschaftliche Konventionen regeln, wie man sich zum Beispiel bei einer Hochzeit oder bei einer Firmenfeier zu verhalten hat, um nicht »aus der Rolle zu fallen«. All diese teilweise ungeschriebenen Gesetze machen das Leben überschaubar und vorhersehbar, wodurch uns ein Gefühl von Sicherheit und Vertrautheit vermittelt wird.

Das ist zwar sehr bequem, hat aber auch einen großen Nachteil: Die Grenzen deiner Komfortzone sind gleichzeitig die Grenzen deiner persönlichen Freiheit. Solange du dich nur innerhalb der Komfortzone bewegst, bleibst du auf deinen vorhandenen Aktionsradius beschränkt. Irgendwann fühlst du vielleicht, dass er dir zu eng wird. Du kannst dich innerhalb der Komfortzone nicht mehr glücklich fühlen, hast aber gleichzeitig eine Scheu davor, die selbstgesetzten Grenzen zu überschreiten. Doch oft ist es so, dass genau hinter diesen Grenzen dein Lebensglück zu finden wäre. Du kannst es dann genau spüren, denn deine innere Stimme sagt es dir ja ganz deutlich.

Lass uns das an einem konkreten Beispiel veranschaulichen:

Du singst seit Jahren mit großer Leidenschaft in einem Chor. Durch das regelmäßige Üben konntest du dein Gesangstalent immer weiter ausbauen. Du entdeckst, was in dir steckt, und gewinnst auf der Bühne an Selbstvertrauen. In dir wächst der Wunsch, dich aus der Gruppe zu lösen und als Solistin aufzutreten. Die musikalische Leitung entscheidet, ein neues

Stück ins Repertoire aufzunehmen, für das eine Solistin gesucht wird. Du weißt, dass das deine Chance wäre, gleichzeitig erfasst dich eine seltsame Furcht. Du spürst ganz genau, dass das der richtige Schritt wäre, aber es verlangt dir eine Menge Mut und Überwindung ab, ihn zu tun. Du fragst dich: »Was passiert, wenn ich nicht gut genug bin?« Egal! Du schaffst es, über deinen eigenen Schatten zu springen, und nimmst die Solistenrolle an. Wenn du das erste Mal alleine vor dem Chor dem Publikum gegenüberstehst, ist das eine ganz neue Erfahrung für dich. Du befindest dich jenseits deiner bisherigen persönlichen Grenzen. In dir kribbelt es, weil du gerade Neuland betrittst, aber du weißt, was du kannst, und meisterst deine Aufgabe wunderbar. Nach deinem Auftritt bekommst du deinen verdienten Applaus. In dir macht sich große Genugtuung breit, denn du hast trotz aller Ungewissheit an dich geglaubt und dir ein Stück Glück erarbeitet, das zuvor außerhalb deiner Reichweite lag. Bei den folgenden Auftritten gewöhnst du dich immer mehr an deine besondere Rolle als Solistin. Deine Komfortzone hat sich erweitert.

In dir liegt eine tiefe Sehnsucht nach persönlichem Wachstum. Wenn du deine innere Stimme immer deutlicher wahrnimmst, wirst du ganz genau wissen, welche nächsten Schritte im Leben zu tun sind. Es kostet etwas Überwindung, aber wenn du deinen Weg mutig gehst, ist der Lohn eine tiefe innere Befriedigung.

*»Tu deinem Leib des Öfteren etwas Gutes,
damit deine Seele Lust hat, darin zu wohnen.«*

Teresa von Ávila

Geistige Kraft und körperliche Kraft

Manche besonders vergeistigten Menschen glauben, sie könnten ihren Körper vernachlässigen und jede Form von körperlicher Ertüchtigung sei Zeitverschwendung. Die geistige Entwicklung sei alles, was zähle. Diese Betrachtungsweise ist das eine Extrem. Das andere ist der heute sehr weit verbreitete Fitnesswahn. Alles, was zählt, sind Kraft, Schönheit und Jugendlichkeit. Es geht einzig und allein um das Bild, welches über den Körper nach außen vermittelt wird.

Beide Extreme führen über kurz oder lang in eine Sackgasse. Der Geistmensch, der seinen Körper vernachlässigt, ihn schlecht ernährt, ihm keine angemessene Bewegung gönnt, wird durch die fortschreitende Degeneration und Krankheitsanfälligkeit seines Körpers an Lebensqualität einbüßen. Jener, der Fitness nur zum Zweck äußerer Zurschaustellung betreibt, wird ebenfalls auf Dauer nicht glücklich werden. Bei ihm bleibt die geistige Entwicklung zurück, und obendrein sind Schönheit und Jugendlichkeit nicht unbegrenzt zu erhalten.

Da beide Extreme nicht zielführend sind, ist es das Weiseste, den goldenen Mittelweg zu wählen. Durch Sport und gesunde Ernährung lässt sich der physische Körper über viele Jahre gesund, stark und schön erhalten. Selbst im fortgeschrittenen Alter macht es einen großen Unterschied, ob man sich um Fitness kümmert oder nicht. Du kannst den Zustand deines Körpers nicht zu hundert Prozent kontrollieren. Auch gibt es keinen absoluten Schutz vor Erkrankungen. Dennoch hast du sehr viel Einfluss auf deine Gesundheit. Damit geht auch die Verantwortung einher, dich um deinen Körper zu kümmern. Du kannst dich an der Attraktivität und Stärke freuen, die du dir durch Disziplin und Regelmäßigkeit erarbeitet hast, gleichzeitig trägst du zur Verringerung des Erkrankungsrisikos bei. Dein Körper verdient ebenso Aufmerksamkeit und Pflege wie dein Geist, damit er zu einer Quelle der Freude wird und nicht zur Last.

Aufmerksamkeit zu widmen heißt, sich Zeit zu nehmen. Du nimmst dir Zeit für Meditation, also nimm dir auch Zeit für Sport, ganz so, wie es sich für dich richtig anfühlt. Für manche ist Körperlichkeit besonders wichtig, für andere weniger. Finde für dich das rechte Maß. Sport und Fitness wirken sich nicht nur positiv auf deinen Körper aus. Körperliches Training ist auch geistiges Training. Die Stärkung des Körpers stärkt Willenskraft und Selbstbewusstsein. Ich betreibe Sport genau unter diesem Blickwinkel: Für mich steht das Training meiner geistigen Fähigkeiten im Vordergrund. Fitness und Gesundheit sind positive Nebenwirkungen, die ich gerne mitnehme, aber sie sind nicht Selbstzweck. Dadurch mache ich meinen Selbstwert nicht von meiner äußeren Erscheinung abhängig. Selbst in der körperlichen Betätigung liegt der Schwerpunkt auf dem Geist.

So wie sich die Muskeln trainieren lassen, so lässt sich auch der Geist trainieren. Jedes Mal, wenn du das

Gewicht beim Krafttraining etwas steigern kannst, weil du wieder etwas stärker geworden bist, steigert sich auch deine Willenskraft. Du bist dir deiner körperlichen und geistigen Stärke bewusst. Schließlich hast du dich selbst überwunden und bist aus eigener Disziplin zu dieser Kraft gelangt. Dadurch gewinnst du Selbstvertrauen, das sich auf dein gesamtes Leben positiv auswirkt.

> Du bist Geist in einem Körper. Schenke jedem Aspekt die ihm gebührende Aufmerksamkeit.

*»Eros führt zum Urwesen zurück,
er will aus zweien eins machen
und die Menschennatur heilen.«*

Platon

Lebe deine Sexualität

Sexualität ist eine der stärksten Kräfte, die in der menschlichen Seele wirken. Sie ist die körperliche Seite der Liebe. Die Sexualkraft ist nicht bei jedem gleichermaßen ausgeprägt. Für manche ist sie eher unbedeutend, für andere aber ist sie ein großes Thema. Für diese Menschen stellt sich die Frage, wie sie die Sexualenergie in ihr Leben integrieren können.

Damit die Seele ins Gleichgewicht kommt, will Sexualität gelebt werden. Wird sie mit Willenskraft unterdrückt, so wird ein wichtiger Energiestrom abgeschnitten, was früher oder später zu einem seelischen Ungleichgewicht führt. Sexualität will fließen, genauso wie Liebe. Deine Sehnsüchte sind wie eingebaute Wegweiser zu deinem persönlichen erfüllten Leben. Sie zu ignorieren oder gar zu verdrängen, würde bedeuten, einen Teil von dir selbst abzulehnen. Damit verursachst du eine Spaltung in dir. Genau das Gegenteil ist erstrebenswert: die Integration deiner Seelenkräfte. Nimm dich an, so wie du bist, und lebe aus, was in dir drängt. Dabei versteht sich von selbst, dass die Integrität und der freie Wille anderer stets gewahrt bleiben müssen. Ist kein geeigneter Sexualpartner vorhanden, spricht nichts dagegen, dich alleine zu vergnügen, wenn du den Drang danach verspürst. Wichtig ist, dass deine inneren Energieströme nicht blockiert werden. Du wirst feststellen, dass sich die Intensität deines sexuellen Erlebens mit fortschreitender Meditationspraxis zunehmend vertieft. Du bist unmittelbarer beim Geschehen dabei und erlebst viel bewusster, was sich in deinem Energiesystem abspielt.

> Sexualität ist die körperliche Seite der Liebe. Wenn beide Energieströme frei fließen können, ist die Seele im Gleichgewicht.

Kapitel 11

Schutz vor negativer Energie

*»Das Glück besteht darin, zu leben wie alle Welt
und doch wie kein anderer zu sein.«*

Simone de Beauvoir

Du bist der wichtigste Mensch
in deinem Leben

Du hast jetzt gelernt, wie du positive emotionale Energie
aus dir selbst heraus generieren kannst, indem du den
autoaktiven Verstand zur Ruhe bringst und dich mit
deiner inneren Kraftquelle verbindest. Du kennst nun
die Prozesse, die sich in deinem mental-emotionalen
System abspielen. Du weißt, wie du dich wieder in den
grünen Bereich zurückholen kannst, wenn du, aus welchem Grund auch immer, in den roten Bereich negativer
Emotionen geraten bist. Doch du lebst nicht für dich
allein. Du bist ein soziales Wesen, das in Interaktion mit
anderen steht. Deine Mitmenschen sind natürlich ebenso Träger von emotionaler Energie wie du. Ob diese
positiv oder negativ gelagert ist, spürst du, sobald du
mit ihnen in Kontakt trittst. Wenn du ins Büro gehst
und auf deinen Chef triffst, wirst du sehr schnell feststellen, ob er einen guten oder einen schlechten Tag hat.
Gleichgültig, wie es um seine Gefühlsverfassung steht,
es wird Rückwirkung auf deine eigene Gefühlslage
haben. Entweder erhebt es dich oder es belastet dich.
Wenn es dich erhebt, geht es beiden gut. So kann der
Tag weitergehen. Aus emotionaler Sicht besteht dann
kein Handlungsbedarf.

Anders sieht es aus, wenn dein Chef miese Laune
hat. Dann liegt es an dir, wie robust dein emotionales
Kostüm ist. Negative Energie, die von außen an dich

herangetragen wird, ist wie ein Belastungstest. Du kannst dir das vorstellen wie bei einem Gewichtheber. Je stärker er ist, desto mehr Gewicht kann er stemmen. Damit er aber stark wird, muss er zuvor trainieren. Die regelmäßige Verbindung mit deiner inneren Kraftquelle ist das Training für deine emotionale Stärke. Je sicherer du darin verankert bist, desto mehr hältst du auch aus. Wenn du emotional fit ins Büro gehst, wird dir die miese Laune deines Chefs wenig anhaben können. Du ruhst so in dir, dass sie wie Wasser an dir abperlt. Nichts kann dich aus deiner Mitte bringen. Diese innere Stabilität vermittelst du natürlich auch nach außen. So wie du die Energie deines Chefs spürst, so wird auch er die deine spüren. Bist du in deiner positiven Energie stärker gefestigt als er in seiner negativen, so kannst du ihn sogar positiv beeinflussen. Dazu brauchst du gar nicht viel zu sagen oder zu tun. Deine Präsenz alleine genügt, um einen Eindruck zu machen. Es geht jedoch in erster Linie nicht darum, das Energieniveau deines Gegenübers anzuheben. Das Wichtigste sollte dir sein, dein eigenes Niveau stabil und hoch zu halten. Alles andere ergibt sich von selbst.

Du bist der Mensch in deinem Leben, für den du die erste Verantwortung trägst. Du bist nicht verantwortlich für die miese Laune deines Chefs, aber es liegt an dir, auf dich selbst zu achten. Wenn du dein emotionales Kostüm vernachlässigst und mit »dünner Haut« ins Büro gehst, so wird die negative Energie deines Chefs deinen Tag bestimmen. Dir wird es am Ende genauso schlecht gehen wie ihm und du wirst froh sein, wenn du endlich nach Hause gehen kannst. Schade um den Tag! Wenn dich hingegen die positive Energie trägt, bist du jeder Situation gewachsen. In heiklen Gesprächen wirst du die richtigen Worte finden, Angriffe werden dir nichts anhaben können, und in aufgeheizten Situationen wird deine Präsenz beschwichtigend wirken. Trotzdem wirst du ein negatives Umfeld als Belastung empfinden, die du nicht endlos ertragen kannst. Kein Gewichtheber kann 200 Kilo auf Dauer stemmen. Er braucht Zeit zur Erholung, einen Raum für sich, in dem er keine Leistung erbringen muss. Genauso ist es im geistigen Bereich. Lerne, deine emotionale Energie weise einzusetzen. Dazu gehört auch, dich nicht unnötigerweise negativer Energie auszusetzen. Wenn du die Möglichkeit hast, entziehe dich negativen Einflüssen. Hüte deine emotionale Ausgeglichenheit wie einen wertvollen Schatz.

Jeder Mensch verfügt über einen emotionalen Schutzmechanismus, den du dir wie die Blende eines Fotoapparates vorstellen kannst. Sie lässt sich stufenlos öffnen und schließen. Lerne einzuschätzen, wem gegenüber du dich öffnen willst und wem gegenüber du besser vorsichtig bist. Es ist nicht klug, stets mit weit geöffnetem Herzen durch die Welt zu gehen. Verletzungen bleiben nicht aus, und in den meisten Fällen sind sie vermeidbar. Wenn du jemanden noch nicht so gut kennst, fange mit kleiner Blende an. Wächst das Vertrauen im Laufe der Zeit, so kannst du dich weiter öffnen.

Im beruflichen Umfeld kannst du dir die Leute nicht immer aussuchen, mit denen du zu tun hast, aber im privaten Bereich ist das leichter möglich. Du musst keine Kontakte pflegen, die dir nicht guttun. Genauso, wie du Hygiene für deinen Körper betreibst, betreibe auch Hygiene in deinen Beziehungen. Die alltäglichen

Verpflichtungen und das Leben an sich bringen genügend Herausforderungen mit sich. Es gibt Negativität, der du dich stellen musst, weil sie Teil deines Lebens ist. Du lernst und wächst daran. Es gibt aber auch Negativität, der du dich nicht aussetzen musst. Verbringe deine Freizeit mit Menschen, die dir gut tun und denen du gut tust. Und noch wichtiger: Vergiss nicht, dir genug Zeit für dich selbst zu nehmen. Du bist der wichtigste Mensch in deinem Leben.

> Die erste Verantwortung in deinem Leben gilt dir selbst.

»Halte dich von negativen Menschen fern.
Sie haben ein Problem für jede Lösung.«

Albert Einstein

Energieräuber

Es gibt Menschen in deinem Leben, denen du gerne begegnest. Du hast Freude daran, Zeit mit ihnen zu verbringen. Wenn ihr auseinandergeht, schwingt ein positives Gefühl auf beiden Seiten nach. So ist es, wenn sich zwei Menschen mit positivem Energieniveau treffen und sich gegenseitig emotional bereichern. Es gibt aber auch welche, mit denen sich auch ein freundliches

Gespräch entwickelt oder sie wollen dir einfach nur etwas erzählen, aber nach der Begegnung fühlst du dich leer und ausgelaugt. Du kannst nicht einmal genau sagen, warum. Es gab ja keinen Streit oder Ähnliches. Was ist geschehen? Du bist auf einen Energieräuber gestoßen. Das sind Menschen, die ihre Energie nicht aus der Anbindung an ihre eigene innere Kraftquelle beziehen, sondern sich darauf spezialisiert haben, Energie von anderen abzuziehen.

Oft ist es diesen Energieräubern gar nicht bewusst und auch dem Betroffenen nicht. Was auffällt, ist, dass es dem Energieräuber nachher besser geht und dem Beraubten schlechter. Hier hat ein Energietransfer stattgefunden. Woran erkennt man nun Energieräuber? Meist handelt es sich dabei um Menschen mit einem ausgeprägten Mitteilungsbedürfnis. Sie reden wie ein Wasserfall und versuchen, die Aufmerksamkeit der anderen an sich zu binden. Dort, wo die Aufmerksamkeit ist, fließt die Energie hin. Es geht ihnen gar nicht so sehr darum, etwas Bemerkenswertes zu sagen, sondern einfach nur darum, die Aufmerksamkeit zu fesseln. Das Gegenüber wird zur Zapfsäule, aus der fast unbemerkt Energie abgesaugt wird. Versucht man, sich an so einem Gespräch aktiv zu beteiligen, so merkt man rasch, dass das nicht sonderlich erwünscht ist. Energieräuber sind schlechte Zuhörer. Durch Zuhören würde wieder Energie zurückfließen, und das soll ja vermieden werden.

Eine andere beliebte Strategie von Energieräubern ist, Hilfsbedürftigkeit vorzutäuschen. Jeder Mensch durchlebt Tiefen, in denen er Hilfe von anderen benötigt und berechtigterweise in Anspruch nehmen darf.

Der Helfer ist gerne bereit, etwas abzugeben, wenn jemand in Not ist. Es kommt jedoch vor, dass diese Hilfsbereitschaft missbraucht wird. Es gibt Menschen, denen es anscheinend immer schlecht geht. Jedes Mal, wenn du sie triffst, erzählen sie dir davon. Jammern ist eine sehr verbreitete Form von Energievampirismus. Ein gutherziger Mitmensch hört sich das geduldig an und versucht zu helfen. Doch er kann tun, was er will, nichts scheint die Situation wirklich zu verbessern. Das Jammern bleibt, gleichzeitig fühlt sich der Helfer immer ausgelaugter. Ein klarer Fall von Energieraub. Wo Hilfe wirklich angenommen wird und auch nützt, fühlt sich auch der Helfende bereichert. Er freut sich, wenn er helfen konnte und es dem anderen dadurch wirklich besser geht.

Wie kannst du nun am besten mit Energieräubern umgehen? Du erweist dem Energieräuber keinen guten Dienst, wenn du dich von ihm aussaugen lässt. Er wird dadurch nie lernen, seine eigene innere Energiequelle zu erschließen, und wird weiterhin auf Energieraub angewiesen sein. Wie gesagt gilt deine erste Verantwortung dir selbst. Es ist niemandem damit gedient, wenn es dir schlecht geht. Nur wenn du selbst genügend positive Energie in dir trägst, wirst du auch zum Segen für dein Umfeld.

Wenn du auf einen Energieräuber triffst, geht es zuerst darum, ihn als solchen zu identifizieren. Redet er ununterbrochen, ohne zuhören zu wollen? Jammert er ständig? Fühlst du dich im Austausch zunehmend schlechter? Wenn das der Fall ist, hast du es höchstwahrscheinlich mit einem solchen Exemplar zu tun. Du hast nun folgende Möglichkeiten: Du kannst das Gespräch beenden, bevor dein Tank leer ist. Das ist die effizienteste Methode. Sie wird den Energieräuber etwas frustriert zurücklassen. Wenn dir dieser Schnitt zu hart erscheint, kannst du auch versuchen, das Gespräch anders zu gestalten. Du kannst beginnen, etwas von dir zu erzählen, um damit dein Gegenüber zum Zuhören zu bewegen. Wenn gejammert wird, kannst du auch einmal die positiven Seiten herausstellen. All diese Maßnahmen werden den Energieräuber nicht sonderlich erfreuen, denn er kommt dadurch letztlich nicht zu dem, was er eigentlich von dir will: deine wertvolle Energie.

> Lasse nicht zu, dass du gegen deinen Willen deiner Energie beraubt wirst. Wenn jemand sie wirklich braucht, dann gib sie ihm bewusst und aus freien Stücken. Ein Krankenbesuch wäre ein Beispiel für so einen wertvollen Dienst.

»Wo Worte selten sind, haben sie Gewicht.«
William Shakespeare

Reinheit des Geistes

Wir leben in einer Zeit nie da gewesener Informationsflut. Es kann eine große Bereicherung sein, jederzeit und an jedem Ort Zugang zu allen Informationen zu haben.

Der Segen der modernen Informationstechnologie hat jedoch auch einen gravierenden Nachteil. Die Informationsflut füttert den autoaktiven Verstand, sie bläht ihn geradezu auf. Die Folge ist, dass der Blick auf unser wahres Selbst zunehmend vernebelt wird. Wir verlieren den Kontakt zu uns und drohen, in der Flut ständig neuer Gedanken und Eindrücke unterzugehen.

Um das zu vermeiden, ist es besonders wichtig, mit den modernen Informationstechnologien bewusst umzugehen. Lasse dich von Internet, Smartphone oder Fernsehen nicht zum Sklaven machen. Die Technik sollte dein Diener sein, nicht umgekehrt. Wissenschaftliche Studien haben ergeben, dass sich die Aufmerksamkeitsdauer durch übermäßige Nutzung von Informationstechnologie verkürzt. Um das Glücksempfinden zu fördern, ist genau das Gegenteil wichtig, nämlich, deine Konzentrationsspanne zu verlängern.

Allein die Tatsache, dass du dieses Buch liest, bedeutet, dass du mit deiner Aufmerksamkeitsdauer schon weit über dem Durchschnitt liegst. Die Fähigkeit, sich über einen längeren Zeitraum konzentrieren zu können, hängt unmittelbar mit dem Erfolg deiner Aktivitäten zusammen. Ein fokussierter Geist erledigt Aufgaben wesentlich schneller und auch besser. Ein fragmentierter Geist ist kaum in der Lage, etwas Produktives zu leisten. Deswegen brauchst du ein kluges Informationsmanagement.

Entziehe dich bewusst der Flut nutzloser Informationen. Selektiere genau, welcher Input hilfreich für dich ist und deine volle Aufmerksamkeit verdient.

*»Achte auf Deine Gedanken, denn sie werden Worte.
Achte auf Deine Worte, denn sie werden Handlungen.
Achte auf Deine Handlungen,
denn sie werden Gewohnheiten.
Achte auf Deine Gewohnheiten,
denn sie werden Dein Charakter.
Achte auf Deinen Charakter, denn er wird dein Schicksal.«*

Talmud

Gedankenkontrolle

Von den vielen tausenden Gedanken, die dir tagtäglich durch den Kopf gehen, haben alle, egal ob sie positiv, negativ oder unnütz sind, etwas gemein: In ihrer Gesamtheit bestimmen sie dein Sein. Du bist, was du denkst! Leider haben viele Menschen keine Kontrolle über ihre Gedanken. Sie sind den Launen ihres autoaktiven Verstandes hilflos ausgeliefert. Dementsprechend chaotisch und orientierungslos verläuft ihr Leben. Ihnen ist nicht bewusst, dass sie mit ihren Gedanken ein mächtiges Werkzeug zur Verfügung hätten, um ihr Leben kreativ und erfüllend zu gestalten.

Wenn du deine Gedanken über den Tag hinweg bewusst beobachtest, wirst du bald feststellen, dass die meisten davon gar nicht wirklich notwendig sind. Du könntest getrost auf sie verzichten, ohne dass dein Leben dadurch eine Beeinträchtigung erfahren würde. Im Gegenteil, eine Reduktion der Gedanken führt automatisch zu einer Verbesserung der Lebensqualität. Du kannst dieses »Grundrauschen« des autoaktiven Verstandes mit Hilfe von Fokussierungsübungen wie der Kerzenmeditation reduzieren und sogar ganz zum Stillstand bringen. Doch kannst du natürlich nicht den ganzen Tag meditieren, und außerdem ist da noch der analytische Verstand, den du ja brauchst, um dein Leben zu gestalten. Was du jedoch tun kannst, ist, auch untertags ein Auge auf deine Gedanken zu haben und zu beobachten, was du so die ganze Zeit denkst. Denn nur, wenn du dir dessen bewusst bist, was du gerade denkst, kannst du entscheiden, ob du diesen Gedanken weiterführen willst oder nicht.

Die Kriterien sollten dabei sein, ob dir der Gedanke nützlich ist und ob er mit einem positiven Gefühl einhergeht. Wenn beide Voraussetzungen erfüllt sind, führe den Gedanken weiter. Ein positiver Gedanke hat den nächsten positiven Gedanken meist schon im Schlepptau. So kannst du einen Strom von positiven Gedanken in die Wege leiten, der dich in eine gute Richtung lenkt. Wenn die beiden Voraussetzungen nicht erfüllt sind, denke den Gedanken nicht weiter. Er würde nur den nächsten schlechten Gedanken mit sich bringen und dich unweigerlich in den Bereich negativer Gefühle führen.

Die Fokussierungsübungen morgens und abends in Kombination mit der bewussten Gedankenkontrolle während des Tages sind die effizientesten Werkzeuge zur Gestaltung deiner persönlichen Realität. Dieses bewusste Gedankenmanagement wird dir bald zur zweiten Natur werden. Du wirst feststellen, wie dein Leben leichter wird. Erstens brauchst du nicht mehr so viel zu denken, zweitens erzeugst du keine negativen Gefühle mehr, wenn du die negativen Gedanken aussortierst. Damit ist keine Realitätsverweigerung gemeint. Wenn Herausforderungen in dein Leben treten, die dir unangenehme Gefühle vermitteln, wie zum Beispiel ein Arzttermin oder die Steuererklärung, dann benutze deinen analytischen Verstand, um die Angelegenheit so rasch wie möglich hinter dich zu bringen, damit der Kopf wieder frei wird für aufbauende Gedanken.

Wenn du diesen Mechanismus erst einmal etabliert hast, wirst du automatisch in der positiven Kraft bleiben. Nichts kann dich mehr so leicht aus dem Gleichgewicht bringen. Du wirst zu einem Fels in der Brandung. Eine starke Persönlichkeit zeigt sich durch emotionale Stabilität gerade in schwierigen Lebenssituationen. Wenn du deine Gedanken im Griff hast, hast du auch deine Gefühle im Griff. Deswegen ist es so wichtig, dir deiner Gedanken bewusst zu sein und darauf zu achten, wohin sie dich führen.

> Achte auf deine Gedanken, denn sie werden dein Leben bestimmen.

Kapitel 12

Beziehungen harmonisieren

*»Wer lächelt statt zu toben,
ist immer der Stärkere.«*

Laotse

Der autoaktive Verstand will immer Recht haben

Dein autoaktiver Verstand bedient sich aus einer Fülle von Glaubenssätzen und Überzeugungen, die er immer wieder aufs Neue wiederholt. Sie machen deine Ich-Identität aus. Du glaubst, du wärst deine Überzeugungen. Wenn jemand kommt, der anderer Meinung ist als du, fühlt sich dein Ich angegriffen. Es denkt: »Es könnte ja sein, dass der andere Recht hat. Dann bin ich gezwungen, meine Überzeugung aufzugeben. Das kann ich nicht zulassen.« Das Ich hat ständig Angst vor Veränderung. Wenn sein Glaubensgebäude bedroht wird, geht es in eine Abwehrhaltung und fängt an, sich zu verteidigen. Wird die Angst zu groß, kann sie sogar in Aggression umschlagen, und das Gegenüber wird angegriffen. Spätestens an diesem Punkt verlierst du deine innere Mitte. Du generierst in dir negative Energie, die du offensiv auf den anderen richtest. Dabei übersiehst du, dass diese Energie dich selbst am allermeisten trifft. Willst du den anderen emotional verletzen, verletzt du dabei auch dich selbst. Das gilt es in jedem Fall zu vermeiden.

Beobachte dich genau, wann du in einem Gespräch eine Abwehrhaltung einnimmst. Frage dich: »Was genau versuche ich hier zu verteidigen?« Oft wirst du dabei dein Ich auf frischer Tat ertappen, wie es um des Kaisers Bart streitet. Es gibt keinen rationalen Grund, so viel Energie auf diesen Streit zu verschwenden. Es geht nur darum, um jeden Preis Recht zu behalten. Wenn du dieses Verhalten identifiziert hast, gib nach und lasse deinem Gegenüber seine unbedeutende Meinung. Du wirst sofort eine innere Erleichterung spüren. Das Gespräch beruhigt sich, und es kann wieder Frieden einkehren. Du weißt, dass du nicht dein selbstgebautes Gedankengerüst bist. Das, was dich wahrhaft trägt, ist dein inneres Licht. Es kümmert sich nicht darum, wer Recht hat. Es will einfach nur leuchten und braucht sich nicht mit Gewalt gegen andere Meinungen durchzusetzen.

Schaue bei jedem Konflikt, der dir im Leben begegnet, genau hin und frage dich: »Geht es hier nur ums Rechthaben oder hat der Konflikt eine sachliche Grundlage?« Im ersten Fall ziehe dich aus dem Konflikt heraus. Sei der Klügere und gib nach. Lasse dem anderen seine Überzeugungen und verschwende nicht deine Energie mit fruchtlosen Rechtfertigungen oder Missionierungsversuchen, vor allem dann, wenn kein Interesse an deiner Meinung besteht. Dein Selbstwertgefühl hängt nicht davon ab, ob andere das glauben, was du glaubst. Wenn du dir deines inneren Lichtes bewusst bist, so verleiht dir das Selbstwert genug. Im Falle eines sachlichen Konfliktes gibt es immer eine sachliche Lösung. Hier heißt es, den analytischen Verstand einzusetzen und nach einer guten Lösung zu suchen, ohne dabei Glaubenssätze deines Gegenübers in Frage zu stellen. Wenn du das nicht tust, wird es dich auch nicht angreifen. Dein oberstes Ziel soll sein, immer nach einer friedlichen Lösung zu suchen. Dadurch wahrst du beiderseits die emotionale Integrität, welche die Grundlage eines glücklichen Lebens ist.

Das, was dich wahrhaft trägt, ist dein inneres Licht. Es leuchtet aus eigener Kraft und verleiht dir Souveränität.

>>Du und ich: Wir sind eins.
Ich kann dir nicht wehtun,
ohne mich zu verletzen.<<

Mahatma Gandhi

Alte Konflikte lösen

Bei langjährigen Beziehungen, besonders in Ehen, Geschwisterbeziehungen und manchmal auch bei Freundschaften, kommt es häufig vor, dass sich Konflikte extrem verhärten, unlösbar scheinen und sich über Jahre hinziehen. Man verletzt sich gegenseitig immer wieder aufs Neue, keiner fühlt sich vom anderen verstanden, und man scheint nicht vom Fleck zu kommen. Irgendwann ist der Punkt erreicht, wo man aufgibt und einfach nicht mehr über das Thema spricht.

Durch das starre Verharren beider Seiten auf ihrer jeweiligen inhaltlichen und emotionalen Position wird die Konfliktsituation zementiert. Man könnte es mit einem Klettverschluss vergleichen: Auf der einen Seite ist ein Haken, auf der anderen eine Schlaufe. Diese verhaken sich bei einzelnen Problemfragen so ineinander, dass sie sich nur noch schwer lösen lassen. Was wäre, wenn sich der Haken plötzlich ausstrecken und gerade werden würde? Die Verbindung würde sich sofort lösen. Gleiches würde passieren, wenn die Schlaufe sich öffnen würde. Es braucht also nur eine der beiden Seiten ihre Haltung zu verändern, und schon hat der Konflikt keinen Bestand mehr. Das heißt für dich konkret:

> Du allein hast es in der Hand, alte Konflikte zu lösen.

Wenn du dich in einem Punkt grundlegend änderst, muss sich auch die Beziehungsstruktur zu deinem Gegenüber ändern. Das Eine folgt unweigerlich auf das Andere. Oft steht uns da der Stolz im Weg, der sagt: »Ich weiß genau, dass ich Recht habe. Soll sich doch der andere ändern.« Wenn beide Seiten so denken, ist das der Garant dafür, dass die Spannungen fortbestehen und die Lebensqualität beider weiterhin beeinträchtigen. Eine Lösung kann nur eintreten, wenn sich mindestens einer der beiden von der Stelle bewegt. Hier herrscht oft der Irrtum zu meinen, dass derjenige, der nicht mehr auf seinem Standpunkt beharrt, der Schwächere sei. In Wirklichkeit ist derjenige, der die emotionale Intelligenz besitzt, einen Konflikt dauerhaft zu lösen, die stärkere Persönlichkeit. Stelle dir in solchen Konstellationen die Frage: »Will ich Recht haben oder will ich glücklich sein?«. Wenn du dich fürs Glücklichsein entscheidest, wirst du gerne bereit sein, deinen eigenen Standpunkt zu ändern, die Frage ist nur, in welche Richtung.

Wie schon erwähnt, geht mit dem beständigen Kontakt zu deiner inneren Kraftquelle ein Umbau deiner Gefühlsstruktur einher. Du wirst dir deiner eigenen emotionalen Blockaden bewusst. Sie werden durch den unentwegten Kontakt mit positiver Energie nach und nach schwächer. Dadurch bist du auch besser in der Lage, dich in den anderen einzufühlen. Du wirst empathischer und öffnest dich für beide Standpunkte des Konflikts. Es wird dir wie Schuppen von den Augen fallen und du wirst sagen: »Ach, da liegt die Ursache für unsere Diskrepanzen.« Du entdeckst in dir den Knoten, der dazu beigetragen hat, die Differenzen aufrecht zu erhalten. Jetzt bist du dir dessen bewusst und kannst ihn gezielt lösen. In eurer nächsten Begegnung wirst du ganz anders auf den Menschen zugehen können, und dieser wird bald spüren, dass sich etwas verändert hat. Es kommt Bewegung in eine Beziehung, wo man schon gar nicht mehr daran geglaubt hätte.

> Die Kraft des inneren Lichts und der inneren Liebe öffnet dir auf emotionaler Ebene die Augen. Du entdeckst Zusammenhänge, die dir bisher verborgen waren. Dadurch tun sich neue Handlungsoptionen auf, die es dir ermöglichen, die Beziehungen zu deinen Mitmenschen zu verbessern.

*»Bedenke, dass die beste Beziehung die ist,
in der jeder Partner den anderen mehr liebt als braucht.«*

Dalai Lama

Befreiung von emotionaler Abhängigkeit

Viele Beziehungen sind geprägt von gegenseitiger emotionaler Abhängigkeit. Der andere gibt dir etwas, von dem du meinst, dass es dir selbst fehlt. Du brauchst den anderen, hängst an ihm oder ihr, fühlst dich leer oder verlassen, wenn dein Gegenüber nicht da ist. Du wirst eifersüchtig, wenn sich der geliebte Mensch jemand anderem zuwendet. All diese Gefühle, Mangel, Eifersucht, Unfreiheit, haben ihren Ursprung im eigenen emotionalen Defizit. Der Partner oder Freund wird unbewusst dazu benutzt, dieses Defizit aufzufüllen. Um das sicherzustellen, würdest du ihn am liebsten an dich ketten. Darin liegt die Ursache einer breiten Palette an Beziehungsproblemen, denn in einem Zustand der Unfreiheit kann Liebe nicht gedeihen. Liebe braucht Freiheit. Sie will sich zwanglos verschenken. Sobald Forderungen und Druck ins Spiel kommen, versiegt sie. Die Beziehung wird kompliziert, verliert ihre Leichtigkeit und gleicht immer mehr einem Kampf.

Wie lässt sich das nun vermeiden? Das geht nur, indem das emotionale Defizit durch emotionale Fülle ersetzt wird. Der erste Schritt liegt darin, zu erkennen, dass sowohl das Defizit als auch die Fülle in dir zu finden sind. Dein Partner ist lediglich der Auslöser von Gefühlen, die sich ausschließlich in dir abspielen. Beziehungsprobleme sind in erster Linie individuelle emotionale Probleme. Eine Beziehung macht diese nur sichtbar. Das Gute daran ist: Du als Individuum hast alle Mittel in der Hand, Beziehungskonflikte zu lösen. Du brauchst deinem Gegenüber nicht die Schuld zu geben, dass er sich nicht so verhält, wie du es erwarten würdest. Der andere ist frei zu tun und zu lassen, was er will. Was du jedoch verändern kannst, ist deine eigene innere Ausrichtung. Dort gilt es anzusetzen.

In dir liegt die stärkste Quelle für positive emotionale Energie. Du brauchst deine Aufmerksamkeit nicht lechzend nach außen zu richten, um deinen Durst nach Liebe zu stillen. Alles ist bereits in dir. Durch die tägliche Verbindung mit deiner dir innewohnenden Liebe wirst du immer mehr aus der eigenen Quelle genährt. Du fühlst dich einfach gut, egal, ob dein geliebter Mensch gerade da ist oder nicht. Die Abhängigkeit löst sich auf. Dein Gegenüber wird spüren, dass du aus dir selbst heraus strahlst. Das hat eine starke Steigerung deiner Attraktivität zur Folge, denn von einem Menschen, der positive Energie ausstrahlt, fühlt man sich magisch angezogen. Du entwickelst dich förmlich zu einem Kraftwerk, das mehr Strom erzeugt, als gebraucht wird. Den Überschuss kannst du an jemand anderen abgeben und ihn damit bereichern.

Wenn du angefüllt bist mit deiner inneren Liebe, dann nimmt das die Spannung aus deiner Beziehung heraus. Anstatt aus einer Position der Bedürftigkeit gehst du aus einer Position der Fülle in die Partnerschaft. Das kann sich auf beide Seiten nur positiv auswirken. Du erwartest vom anderen nicht mehr, dass er dir etwas geben muss. Du hast es ja schon, und zwar mehr, als du vielleicht selbst brauchst.

Die schönste Beziehungskonstellation ist die, wenn sich zwei Menschen begegnen, die in emotionaler Fülle leben. Man könnte vielleicht denken, das wäre langweilig, denn beide haben ja schon alles. So ist es nicht. Jede Seele ist ein einzigartiges Individuum. Deshalb ist eine solche Begegnung für beide Seiten immer eine zauberhafte Bereicherung.

> Du brauchst deine Aufmerksamkeit nicht nach außen zu richten, um deinen Durst nach Liebe zu stillen. Du trägst die Quelle der Liebe bereits in dir.

»Was du liebst, lass frei.
Kommt es zurück, gehört es dir –
für immer.«

Konfuzius

Kugelmenschen

Im Normalfall kommt jeder Mensch mit einem spezifischen Geschlecht zur Welt. Der Körper bestimmt, ob wir Mann oder Frau sind. Dadurch werden viele Eckpunkte im Leben schon im Voraus festgelegt. Wir gehören seit Lebensbeginn einer bestimmten Gruppe an. Im Laufe der Pubertät erwacht das Bedürfnis nach einem Partner. Wir fühlen eine Art Defizit wie eine halbe Kugel, der die andere Hälfte fehlt. Die meisten von uns sind den Großteil ihres Lebens damit beschäftigt, die perfekte andere Kugelhälfte zu finden, um die schmerzende Lücke zu schließen. Phasenweise gelingt das auch, aber Beziehungen verändern sich, und die Kugelhälfte, die zu passen schien, passt auf einmal nicht mehr. Man geht getrennter Wege und fühlt sich wieder unvollständig.

Wir alle sind auf der Suche nach Ganzheit. Wir wollen uns komplett, rund und erfüllt fühlen. Wir meinen, indem wir das perfekte Gegenstück im Außen finden, könnten wir dieses Ziel erreichen. Dann wäre alles gut. Die Realität zeigt jedoch, dass das so gut wie niemandem dauerhaft gelingt. Die meisten Beziehungen sind problembehaftet, und auch die, die von außen harmonisch aussehen, sind es hinter den Kulissen oft nicht. Manche sind sehr begabt darin, den schönen Schein zu wahren. Wenn wir ehrlich sind, gibt es auf dieser Welt die perfekte Beziehung nicht, zumindest nicht auf Dauer.

Worin liegt nun der Sinn dieses Spiels der Geschlechter? Warum können wir nicht miteinander und auch nicht ohne einander? Wo liegt die Lösung dieses Dilemmas? Ich habe schon davon gesprochen, dass sich alle Gefühle, ausnahmslos alle Gefühle, in uns abspielen. Wenn wir einen geliebten Menschen sehen, löst dieser lediglich bestimmte Gefühle in uns aus. Es ist nicht so, dass er das Gefühl auf uns überträgt. Er löst ein latent in uns angelegtes Gefühl aus. Daran erkennen wir, dass letztlich alles, aber auch wirklich alles, was wir zum Erfülltsein brauchen, schon in uns vorhanden sein muss. Woher sollte es denn sonst kommen? Die hartnäckige Vorstellung, dass wir im Außen jemanden brauchen, damit wir uns im Innen komplett fühlen können, ist bei genauerer Betrachtung nicht haltbar. Vielmehr sieht es so aus, als seien auf Gefühlsebene beide Hälften schon in uns vorhanden. Was auf körperlicher Ebene so klar getrennt ist, liegt auf emotionaler Ebene viel näher zusammen, als wir es vermuten würden. Das männliche und weibliche Prinzip ist in jeder Einzelseele schon vorhanden. Eine Frau trägt auf emotionaler Ebene auch einen Mann in sich. Ein Mann trägt auf emotionaler Ebene auch eine Frau in sich. Die Herausforderung besteht darin, sich von der Illusion des Getrenntseins zu lösen, um zu erkennen, dass alles bereits in dir vorhanden ist. Es ist möglich, sozusagen eine innere Hochzeit zu feiern, in der diese beiden Seelenaspekte vereint werden.

Wir alle haben eine ziemlich klare Vorstellung davon, was typisch männlich und was typisch weiblich ist. Wir wissen auch, dass es Männer mit einer ausgeprägten weiblichen Seite gibt und Frauen, die besonders männlich wirken. Daran lässt sich erkennen, dass die seelische Gewichtung nicht deckungsgleich mit dem physischen Geschlecht ist. Und alles, was sich in uns auf gedanklicher und emotionaler Ebene tut, können wir beeinflussen. Dem Körper ist es egal, ob wir uns besonders weiblich oder besonders männlich fühlen. Er behält stur sein Geschlecht. Aber innerlich können wir für Balance sorgen. Wenn du zum Beispiel besonders weiblich bist, wird die Sehnsucht nach dem Männlichen umso ausgeprägter sein. Es entsteht eine regelrechte Bedürftigkeit nach einem Mann, was sich sehr belastend auf das Beziehungsleben auswirken kann. Der Partner spürt unterschwellig, dass er zur Kompensation eines Mangelgefühls dient. Eine Beziehung, die aus Bedürftigkeit heraus entsteht, entwickelt schnell eine emotionale Abhängigkeit. Niemand fühlt sich darin wohl. Beziehungsprobleme sind dadurch vorprogrammiert.

Wenn es jedoch in diesem Beispiel gelingt, den inneren Mann und die innere Frau in Harmonie zu bringen, indem die eigene männliche Seite gestärkt wird, so nimmt die Bedürftigkeit ab. Du kannst dich in dir vollständig fühlen, ohne überhaupt einen Partner im Außen zu haben. Das heißt aber nicht, dass eine äußere Beziehung dadurch überflüssig wird. Die Partner können sich jedoch entspannter begegnen, denn jeder für sich ist ja auf emotionaler Ebene schon eine komplette Persönlichkeit. Es fehlt die Grundlage für ein gegenseitiges Abhängigkeitsverhältnis. So wird die Partnerschaft zu einer wechselseitigen Bereicherung, anstatt ein aufreibender Kampf zu sein.

> Die äußere Beziehung zwischen Mann und Frau ist lediglich eine Projektion der Beziehung zwischen innerem Mann und innerer Frau.

»Es wächst das, worauf du dich konzentrierst.«

Mahatma Gandhi

Dein Leben folgt deiner Aufmerksamkeit

Ein dauerhaft erfülltes Leben zu führen, bedeutet, Veränderung willkommen zu heißen. Leider tun wir uns gerade damit besonders schwer. Gerne halten wir an Liebgewonnenem fest. Müssen wir es eines Tages loslassen, bringt das ein Gefühl der Trauer mit sich. Immer wieder geraten wir in einen inneren Zwiespalt. Wir spüren, dass etwas in unserem Leben zu Ende geht, und trotzdem wollen wir es nicht gehen lassen. Eine junge Frau berichtet:

Du hast gesagt, dass sich zwischenmenschliche Beziehungen verändern, wenn man seiner inneren Stimme folgt. Genau das erlebe ich jetzt. Es gibt eine Person, die mir sehr wichtig war. Ich spüre aber, dass es Zeit ist, sich von ihr zu trennen, weil unsere Wege in verschiedene Richtungen führen. Ich habe mich stark verändert und unsere Beziehung ist nicht mehr so, wie sie war. Trotzdem fällt es mir ganz schwer, mich zu trennen. Ich habe dieses Verlangen, in der Vergangenheit zu schwelgen und zu sagen: »Ach, waren das schöne Zeiten.«

Wenn du diesem Menschen heute begegnest, ohne dabei an die schönen Erinnerungen zu denken, wie fühlt sich das für dich an?

Es fühlt sich nicht mehr stimmig an.

Wenn es nichts mehr gibt, was euch im Hier und Jetzt gegenseitig anzieht, ist es Zeit, voranzuschreiten. Wo deine Aufmerksamkeit hingeht, fließt deine Energie hin. Die Bindung wird durch dein wiederholtes Erinnern an die schönen, gemeinsamen Zeiten aufrechterhalten, und deine Aufmerksamkeit richtet sich in die Vergangenheit. Das erzeugt einen emotionalen Konflikt in dir, weil deine gegenwärtige Erfahrung nicht mehr zu deinem erinnerten Gefühl passt. Das Schwelgen in der Vergangenheit stört den Lebensfluss.

Es geht jetzt darum, deine Gedanken wieder dorthin zu richten, wo sie hingehören: in deine Gegenwart. Das ist etwas, das du üben kannst. Wenn du feststellst, dass du wieder an diese alten Zeiten denkst, dann kannst du auch sagen, das lasse ich jetzt los und richte meine Aufmerksamkeit wieder ins Hier und Jetzt. Wenn du das einmal wirklich versuchst, wirst du sofort eine emotionale Erleichterung in dir spüren.

Gefühle, die durch häufiges Erinnern reaktiviert werden, entwickeln ein starkes Eigenleben. Unsere emotionale Prägung ist sehr träge und lässt sich nur schwer auf einen neuen Kurs bringen. Ich vergleiche sie gerne mit einem Öltanker auf hoher See. Aufgrund seiner Wendigkeit kann ein kleines Ruderboot den Kurs innerhalb weniger Meter komplett ändern. Will man mit einem Öltanker den Kurs wechseln, muss man schon einige Seemeilen vorher das Ruder einschlagen. Ist der neue Kurs eingeschlagen, so merkt man zuerst nicht viel. Es dauert eine ganze Weile, bis das Riesenschiff reagiert. Langsam, aber sicher wird es die Richtung annehmen, die ihm der Kapitän vorgibt.

Genauso funktioniert unser Bewusstsein. Es lässt sich nicht auf Knopfdruck ändern. Eine Neuausrichtung erfordert Beständigkeit und Geduld. Das mag einerseits etwas mühevoll erscheinen, hat andererseits aber auch einen großen Vorteil: Hast du erst einmal einen positiven Kurs eingeschlagen, so wird dieser auch beibehalten, wenn du das Steuer vorübergehend einmal loslässt. Sobald der Kurs stimmt, kannst du es dir leisten, auch einmal auf Autopilot zu schalten und die Fahrt einfach nur zu genießen.

> Deine Aufmerksamkeit steuert dein Lebensschiff.

»Leben und leben lassen.«
Johann Wolfgang von Goethe

Ein gutes Vorbild sein

Einer der größten Nutzen, den du aus der Entfaltung deines Innenlebens ziehen kannst, ist ein immenser Zugewinn an Freiheit. Du holst positive Energie aus dir selbst und bist nicht mehr so sehr auf externe »Tankstellen« angewiesen. Du findest Problemlösungen in dir selbst, die genau zu dir passen, und brauchst weniger Rat von außen, der manchmal hilfreich sein kann, oft aber auch nicht. Was für andere funktioniert, muss nicht unbedingt auch für dich funktionieren. Wenn du innerlich im Fluss bist, bist du auch materiell im Fluss.

Deine innere Stimme wird dir dabei helfen, deinen ganz individuellen Lebensstil zu finden, mit dem du rundherum glücklich wirst. Die Freiheit, die du dadurch genießt, solltest du auch allen anderen um dich herum zugestehen.

Deine privilegierte Position könnte dich dazu verführen, anderen zu sagen, was sie zu tun und zu lassen haben. Das wäre ein Eingriff in ihre persönliche Freiheit, es sei denn, sie fragen dich ausdrücklich um deinen Rat. Selbst wenn du siehst, wie sie sich selbst das Leben schwer machen - es ist immer noch ihr Leben und sie haben das Recht, es so zu gestalten, wie sie wollen. Du selbst hast schon erlebt, dass es manchmal notwendig ist, schmerzhafte Erfahrungen zu machen, bevor man die Wahrheit erkennt. Das ist Teil des Entwicklungsweges und muss durchlebt werden. Auch du musstest durch deine inneren Täler wandern, bevor du auf die lichte Anhöhe gelangt bist.

Nimm deine Mitmenschen so an, wie sie sind, mit all ihren Schwächen und Stärken. Lass sie ihre Erfahrungen machen, aber sei ihnen ein gutes Vorbild, wenn sie auf dich schauen. Wenn dich jemand um Hilfe oder Rat fragt, zögere nicht, sondern gib, worum du gebeten wirst. Meistens ist es genug, wenn du einfach nur darauf achtest, dein inneres Licht am Leuchten zu halten. Es wird unweigerlich gesehen werden. Viele Menschen sind zu stolz, um zu sagen: »Ich spüre, dass von dir eine ganz besonders positive Ausstrahlung ausgeht«, aber auf solche Komplimente bist du auch nicht angewiesen. Dir genügt es, zu wissen, dass du das Licht in dir trägst. Wenn es anderen gut tut, dann ist das ein sehr erfreulicher Nebeneffekt.

> Wenn du dein inneres Licht zum Leuchten bringst, wirst du unweigerlich zu einem positiven Vorbild für andere.

*»Von heute an erkläre ich mich unabhängig von allen
Schranken und eingebildeten Fesseln: Ich gehe, wohin ich
will, völlig und ganz mein eigener Herr, ich höre wohl auf
die anderen, ich bedenke wohl, was sie sagen, ich warte, ich
suche, ich empfange, ich überlege, aber sanft und
unerbittlich löse ich mich los von allen Banden, die mich
halten wollen.«*

Walt Whitman

Befreiung aus der Ahnenkette

Die Kraft des inneren Lichts erlaubt dir, dein Leben
bewusster zu gestalten und somit authentischer dich
selbst zu leben. Früher oder später wirst du dabei auf
Glaubenssätze und Gedankenmuster stoßen, die schon
seit Generationen in der Herkunftsfamilie weitergetra-
gen und befolgt werden, ohne wirklich hinterfragt zu
werden. Jede Familie hat solche unausgesprochenen
Lebensregeln. Man kann sie am leichtesten erkennen,
wenn man die Familien seiner Freunde besucht und
dort aufmerksam den Untertönen lauscht. Da scheinen Regeln zu gelten, die man aus der eigenen Familie
nicht kennt. Manche dieser unausgesprochenen
Regeln und Verhaltensmuster scheinen auf den ersten
Blick ganz vernünftig und hilfreich zu sein. »Ohne
Fleiß kein Preis« zum Beispiel spornt doch zu streb-
samem und produktivem Leben an, oder? Was aber
ist, wenn dieses eingebrannte Lebensmotto dich unfrei
macht, weil du in deiner Freizeit sofort ein schlechtes
Gewissen bekommst, wenn du einmal nichts tust?
Ist Erfolg im Leben wirklich nur durch harte Arbeit
zu erringen oder ginge es auch leichter? In Familien,
die seit Generationen in der Landwirtschaft oder

in Familienbetrieben wirken, kommt es häufig vor, dass »der Betrieb« das Allerwichtigste wird. Alles wird diesem Familiengott untergeordnet, sogar die Partnerwahl wird eingeschränkt auf Personen, die zum Betrieb passen.

Diese Beispiele zeigen, dass einst hilfreiche und für das Überleben notwendige Regeln eine Eigendynamik entwickelt haben. Für dich ist wichtig, zu ergründen, welche verborgenen Regeln auch dein Leben bestimmen und ob sie dich auf deinem Weg zu persönlicher Erfüllung unterstützen oder eher blockieren. Jedes unfrei machende Gedankenmuster kann aufgebrochen und durch ein befreiendes ersetzt werden. Frage dich, welche ungeschriebenen Familiengesetze und Verhaltensmuster du unreflektiert von deinen Vorfahren übernommen hast, ob sie zu deinem heutigen Leben passen und ob du willst, dass sie auch von deinen Kindern übernommen werden.

Du hast die Möglichkeit, aus dieser Kette auszubrechen und wirklich frei zu sein. Alte, einschränkende Strukturen aufzubrechen, ist ein großes Geschenk, das du deinen eigenen Kindern machen kannst. Der Bann ist gebrochen, und jeder darf seine eigenen Lebensregeln entdecken. So führen du und deine Kinder ein selbstbestimmtes Leben, das Freude macht.

> Jedes unfrei machende Gedankenmuster kann aufgebrochen und durch ein befreiendes ersetzt werden.

Kapitel 13

Im Fluss bleiben

»Für uns gläubige Physiker stellt diese Trennung zwischen
Vergangenheit, Gegenwart und Zukunft jedoch nichts
weiter als eine Illusion dar,
wenn auch eine besonders hartnäckige.«

Albert Einstein

Im Jetzt sein

Das Haupthindernis, welches dich nicht in deine eigene Tiefe kommen lässt, ist der autoaktive Verstand.
Er führt dich dazu gerne in die Vergangenheit oder in
die Zukunft. Entweder schwelgst du in Erinnerungen
und denkst über vergangene Erlebnisse nach oder du
machst dir Sorgen um die Zukunft und überlegst, was
zu tun wäre, um sie in deinem Sinne zu gestalten. In
jedem dieser Fälle bist du nicht in der Gegenwart des
aktuellen Momentes. Aber nur in der Stille des Jetzt
kannst du dein eigenes Selbst erfahren.

Das soll jetzt nicht heißen, dass man nicht über vergangene Erfahrungen nachdenken und keine Pläne für
die Zukunft schmieden soll. Natürlich ist das sinnvoll.
Aber dieser Geistesaktivität sollte ein Zeitfenster zuge-
wiesen werden. Wenn es erforderlich ist, dann nimm
dir die Zeit, denke über deine Zukunft nach und schreibe deine Pläne auf, aber dann kehre wieder zurück ins
Hier und Jetzt. Mache deinen Kopf frei vom ständigen
Sinnieren über vergangene Erlebnisse. Ein Nostalgiker
ist wie ein Schiffskapitän, der das Steuer loslässt und
ans Heck des Schiffes geht, um sich daran zu erinnern,
wie schön es dort war, wo er gerade hergekommen ist.

Dabei hat er keinen Einfluss mehr auf das Leben, das jetzt gerade stattfindet, weil er das Ruder aus der Hand gegeben hat. Wann immer es dir möglich ist, verharre voll in der Gegenwart. Im Alltag bedeutet das, dich voll auf das zu konzentrieren, was du gerade tust. Egal, was es ist, tue es mit voller Hingabe. Das wird deiner Arbeit eine völlig neue Qualität verleihen. Vermeide Multitasking und Zerstreuung, so gut es geht. Zerstreuung ist Sand im Getriebe deiner geistigen Fortentwicklung und steht somit deiner persönlichen Erfüllung im Weg. Hinterfrage, ob du deine Zeit wirklich sinnvoll nutzt. Sortiere Belanglosigkeiten aus und konzentriere dich auf das Wesentliche. Du wirst feststellen, wie übersichtlich, klar und kraftvoll dein Leben dadurch wird.

Wenn du an chronischem Zeitmangel leidest, miste dein Leben aus. Nimm dir weniger vor, aber das, was du tust, das mache richtig. Lerne, deinen Geist seriell einzusetzen. Tue eines nach dem anderen, auch wenn man dir einreden will, wie toll Multitasking sei. Multitasking zersplittert deine Aufmerksamkeit und führt zur seelischen Stagnation.

Fokussierung macht deinen Geist zu einem effektiven Werkzeug. Wenn du deinen Alltag in Gegenwärtigkeit lebst, wirst du produktiver sein und mehr Freude an deinem Tun haben.

>*Tue das Nicht-Tun,*
>*schaffe ohne Geschäftigkeit.*«

Laotse

Wille und Gelassenheit

Wir haben schon darüber gesprochen, wie wichtig
Hingabe in der Meditation ist. Dich hinzugeben heißt,
jegliche Kontrolle freiwillig aufzugeben und dich von
den wohltuenden einströmenden Energien des Lichtes
und der Liebe einvernehmen zu lassen. Erst durch diese
Verschmelzung kommst du in den Genuss des hohen
Glücksgefühls. Hier geht es ausschließlich um Prozesse,
die sich in dir vollziehen. Doch wie sieht es im äußeren Leben aus? Ist es hier auch sinnvoll, die Kontrolle
aufzugeben und einfach alles nur geschehen zu lassen,
oder ist es besser, mit Hilfe unserer Willenskraft das
Leben aktiv zu gestalten?

Von klein auf sind wir ja gefordert zu entscheiden, was
wir wollen und was wir nicht wollen. Den bewussten
Willen einzusetzen, ist das Hauptwerkzeug zur konkreten Lebensgestaltung. Trotzdem verläuft das Leben
nicht immer so, wie wir es wollen. Es treten Situationen
ein, die wir uns so nicht ausgesucht haben. Wer entscheidet, welchen Menschen du im Verlauf deines Lebens
begegnen wirst? Du kannst entscheiden, auf welche
von ihnen du dich einlässt und von welchen du dich
fernhältst. Du kannst jedoch nicht bestimmen, auf wen
du treffen wirst. Manche Entscheidungen werden von
anderen für dich getroffen, wie z.B. eine Bewerbung,
die angenommen oder abgelehnt wird. Das Leben
steckt voller unerwarteter Wendungen. Du kannst es

niemals zu hundert Prozent unter die Kontrolle deines Willens bringen. Das ist unmöglich. Du brauchst zu deiner Qualität der Willenskraft, mit deren Hilfe du dein Leben aktiv und bewusst gestaltest, unbedingt noch eine zweite Qualität, und das ist Gelassenheit. Gelassenheit ist die Fähigkeit, Dinge bereitwillig anzunehmen, die du dir nicht selbst ausgesucht hast und die nicht zu ändern sind. Die große Frage, die sich uns Menschen jeden Tag, ja in fast jeder Situation aufs Neue stellt, ist: Wann ist es Zeit, meinen Willen einzusetzen, und wann ist es Zeit, mich in Gelassenheit zu üben? Darauf gibt es keine pauschale Antwort. Es gehört zur Kunst der Lebensführung, von Fall zu Fall zu erkennen, was gerade angebracht ist.

Der amerikanische Theologe Reinhold Niebuhr hat diese Kunst sehr schön in seinem »Gelassenheitsgebet« auf den Punkt gebracht:

> »Gott, gib mir die Gelassenheit, Dinge hinzunehmen, die ich nicht ändern kann, den Mut, Dinge zu ändern, die ich ändern kann, und die Weisheit, das eine vom anderen zu unterscheiden.«

Wenn du vor so einer Situation stehst, spüre in dich hinein. Ein subtiles Gefühl wird dir sagen: »Hier willst du etwas mit Gewalt durchsetzen. Nimm die Situation an und übe dich in Gelassenheit.« Deine innere Stimme kann aber auch sagen: »Du machst es dir nur einfach, weil es leichter ist, nichts zu tun, aber du hättest es in der Hand, die Situation zu ändern, also tu es!« Es gibt einen feinen Unterschied zwischen Gelassenheit und Bequemlichkeit.

Im klugen Einsatz der Willenskraft bzw. der Gelassenheit erkennt man am äußeren Handeln sehr gut, wie es um die Weisheit eines Menschen bestellt ist. Versucht er alles mit purer Willenskraft durchzusetzen, so sind Enttäuschung und Frust vorprogrammiert. Er wirkt verkrampft und unzufrieden. Das andere Extrem wäre, wenn er in Apathie verfällt, sich immer als Opfer sieht und alles resignierend mit sich geschehen lässt.

> Der Mensch, der Willen und Gelassenheit weise einsetzt, ist wie ein Fisch, der Hindernisse elegant umschwimmt. Er ist im Fluss und spürt genau, was er aktiv tun kann und was er einfach nur geschehen lassen muss.

> »Wir denken selten an das, was wir haben,
> aber immer an das, was uns fehlt.«
>
> Arthur Schopenhauer

Innere Fülle erschafft äußere Fülle

Wenn wir uns in einer Lebensphase befinden, in der wir uns orientierungslos fühlen, nicht wissen, wie es weitergehen soll, wir einfach nicht am richtigen Platz sind, sind wir meistens auch finanziell in einer Schieflage. Wer sich innerlich nicht im Fluss befindet, dem fehlt auch der äußere Geldfluss. Wenn wir einer Arbeit nachgehen, die uns nicht erfüllt, werden wir sie auch nicht mit Begeisterung tun. Der Erfolg bleibt aus und somit auch die finanzielle Fülle. Der Flow kommt zum Stillstand. Jetzt geht es darum, ihn wieder in Gang zu bringen.

Zuerst ist es wichtig zu akzeptieren, dass nicht die äußeren Umstände Schuld an deiner Lage tragen. Egal, an welchem Punkt im Leben du stehst, du hast immer die Möglichkeit, etwas zu tun, aber dazu musst du erst wissen, wo es anzusetzen gilt. Manchmal scheint die Situation ausweglos zu sein. Sorgen nehmen dich gefangen und lassen es nicht zu, dass du einen klaren Gedanken fasst und etwas Neues anpackst. Der autoaktive Verstand hat in deinem Leben die Kontrolle übernommen. Er produziert Sorgen über Sorgen und bringt so den Fluss von Kreativität und Tatkraft zum Stillstand.

Was du jetzt brauchst, ist ein neues Ziel, das du mit Freude verfolgen kannst. Niemand kann dir sagen, was das genau ist, weil keiner so gut weiß, wie es in dir aussieht, wie du selbst. Die Lösung für dein Problem ist also letztlich nur in dir zu finden. Die Fokussierungsübung hilft dir dabei, den Zugang zu deiner Inspirationsquelle wieder freizulegen. Die Verbindung mit deinem inneren Licht wird dir Klarheit über deine momentane Lage bringen, und du wirst eine Lösung finden, die ganz aus dir selbst heraus kommt. Du wirst genau wissen, welche Tätigkeit dich emotional erfüllen würde. Damit kommt auch die Motivation zurück, wieder anzupacken. Dein energetischer Fluss beginnt wieder zu strömen, und wenn es im Innen fließt, wird es auch im Außen fließen. Die Freude, die du in dir trägst, strahlt auf deine Arbeit, deine Kollegen und deine Vorgesetzten aus. Man wird gerne mit dir zusammenarbeiten wollen. Erfolge werden sich einstellen und vielleicht führen sie sogar zu einer Beförderung. Wenn du selbstständig bist, wirst du Ideen bekommen, die zum Beispiel zu einem gefragten Produkt führen. Dafür gibt es unzählige Beispiele in der Wirtschaftswelt.

Aber selbst wenn du nicht in einem aktiven Arbeitsprozess stehst, wirst du erleben, dass innere Fülle auch äußere Fülle mit sich bringt. Wenn du durch den autoaktiven Verstand von deinem inneren Potential abgeschnitten bist, lebst du in einem Zustand des inneren und äußeren Mangels. Diesen Mangel kannst du zwar temporär durch äußere Ersatzhandlungen verdrängen, er wird aber immer wieder zurückkommen und dich verfolgen. Die einzige dauerhafte Lösung liegt in der Erschließung der unerschöpflichen Quelle in dir. So wie du innen gestaltet bist, so wird sich deine Außenwelt gestalten.

Wenn du aus einem Gefühl der Fülle lebst, wirst du immer so viel haben, wie du brauchst. Du wirst sogar in der Lage sein, von deinem inneren und äußeren Reichtum an andere abzugeben. Das Leben ist kein Nullsummenspiel mehr. Es muss nicht jemand anders etwas verlieren, bevor du etwas gewinnen kannst. In der Gewissheit, dass für dich immer genug da sein wird, kannst du dich an den Erfolgen anderer erfreuen, anstatt dich bedroht oder erniedrigt zu fühlen.
Viel Geld zu haben, heißt nicht automatisch, sehr glück-

lich zu sein. In meinem Leben bin ich einigen sehr reichen Menschen begegnet, die gleichzeitig sehr unglücklich waren. Zu viel zu haben, wird schnell zur Belastung und schränkt die Freiheit ein. Wer hingegen in Not lebt, denkt ständig daran, wie er an Geld kommen kann. Beides sind Faktoren, die das Glück mindern.

> Zum Glücklichsein ist es am besten, wenn du genug hast, um alle wesentlichen materiellen Bedürfnisse zu befriedigen, und darüber hinaus über ausreichend Freiheit verfügst, um dich mit den Dingen zu beschäftigen, die dir Freude bereiten.

»Du selbst zu sein, in einer Welt,
die dich ständig anders haben will,
ist die größte Errungenschaft.«

Ralph Waldo Emerson

Authentisch sein

Du hast ein Gefühl in dir, das dir sagt, was dich ausmacht, was dir wichtig ist und wofür du im Leben stehst. Wenn dieses Gefühl nicht übereinstimmt mit dem, was du im Außen lebst und repräsentierst, bist du nicht ganz ehrlich zu dir. Es entsteht eine Spannung, die auf Dauer nicht gut ist. Besonders der bewusst lebende Mensch ist immer wieder aufs Neue gefordert, das innere Empfinden mit dem äußeren Wirken in Einklang zu bringen. Deine Persönlichkeit befindet sich in Entwicklung, und so verändert sich auch dein Denken und Fühlen. »Panta rhei«, alles fließt, fasste der griechische Philosoph Heraklit diese Grundwahrheit in zwei schlichten Worten zusammen. So wie sich dein Innenleben verändert, so muss sich auch dein Außenleben verändern. Die Stimme deiner Seele sagt dir, welche Schritte in deinem Leben anstehen. Manchmal sind sie nicht leicht zu gehen und stellen eine Herausforderung dar, aber du spürst genau, dass sie in eine gute Richtung führen würden. Du brauchst dann nur ein wenig Mut, um den Weg in ein neues Leben zu gehen. Ohne Mut keine persönliche Entwicklung. Du wirst nicht mehr der Mensch sein, der du einmal warst. Du veränderst dich von innen heraus, und die Umwelt ist gefordert, sich dieser Veränderung anzupassen.

Wenn du zum Beispiel spürst, dass manche deiner alten Freunde nicht mehr zu dir passen, weil du dich weiterentwickelt hast, so ist es unumgänglich, alte Freundschaften zu lösen, damit neue Freunde in dein Leben treten können, die besser zu dir passen. Zuerst kommt dein innerstes Gefühl. Die Stimme deiner Seele sagt dir, dass Handlungsbedarf besteht, und dann liegt es an dir, im Außen die entsprechenden Entscheidungen zu treffen. Wenn du damit zögerst, kommt der Entwicklungsfluss ins Stocken. Das gilt für alle Lebensbereiche, für Freundschaften, Partnerschaft, Gesundheit, Beruf und Wohnort. Erlaube deiner inneren Stimme, dich durch dein Leben zu leiten. Du wirst immer gut damit fahren. Der Dank dafür, dass du den Mut aufbringst, immer wieder über deinen eigenen Schatten zu springen, ist ein glückliches und erfülltes Leben.

Seelenentwicklung hat immer auch mit Loslassen zu tun. Festhalten würde Stillstand bedeuten, und Stillstand macht unglücklich. Das, was konstant bleiben sollte, ist deine innere Ausrichtung auf die Kraft des Lichtes und der Liebe in dir, unabhängig davon, was sich im Außen tut. Alles Äußere darf und wird sich wandeln, aber deine innere Ausrichtung sollte beständig bleiben. Wenn du dein Haus auf diesem Felsen baust, dann kann es von keinem Lebenssturm mehr umgerissen werden.

Das ist das hohe Ziel: Die vollkommene Verankerung in der Kraft der Liebe und des Lichtes in dir. Erst von dort aus geht es nach außen, in die Beziehungen zu Menschen, zur Arbeit, zum Wohnort und zum Bild, das du nach außen vermittelst. Es gibt nichts Schöneres und Spannenderes, als im Einklang mit deiner eigenen Seele zu leben.

»Wer die Welt bewegen will,
sollte erst sich selbst bewegen.«

Sokrates

So machst du die Welt zu einem besseren Ort

Kein Mensch ist eine Insel. Wem es selbst gut geht, weil er den Zugang zu seiner eigenen Quelle der persönlichen Erfüllung gefunden hat, dem fällt es oft schwer, andere leiden zu sehen. Gerade wenn man aus dem Vollen schöpfen kann, erwacht das Verlangen, zur Verbesserung der Zustände in der Welt beizutragen. Die Frage ist, wie setzt du das am besten in die Tat um? Wie schaffst du es, dass du am Ende wirklich sagen kannst: »Durch mich ist die Welt ein Stückchen besser geworden«?

Es stehen dir zwei Handlungsoptionen offen: Einerseits kannst du dich daranmachen, die Umstände im Außen zu ändern, andererseits kannst du den Blick nach innen wenden und auf seelischer Ebene der Herausforderung begegnen. Da das Bewusstsein der meisten nach außen gerichtet ist, werden auch die Lösungen in erster Linie im Außen gesucht, doch trotz der vielen gut gemeinten Bestrebungen, zum Beispiel in der Form politischen Engagements, kann man beobachten, dass sich die Gesamtsituation nicht wesentlich verbessert. Was von den Bemühungen zurückbleibt, ist größtenteils Frustration und Enttäuschung. Aber warum ist das so? Warum gelingt es uns nicht, friedliche und erfüllende Lebensumstände für alle zu schaffen?

Es ist wichtig, zu erkennen, dass der äußere Kampf lediglich ein Abbild des inneren Kampfes ist, der sich in jeder menschlichen Seele abspielt. Das eigentliche »Schlachtfeld« liegt in unseren Herzen. Stelle dir vor, alle Menschen wären in innerem Frieden und Harmonie. Gäbe es dann noch Waffen und Kriege? Wohl kaum. Wo es keinen Hass und keine Aggression gibt, da herrschen Frieden und Harmonie. Es ist sehr wichtig, seinen Beitrag zu einer besseren Gesellschaft zu leisten, aber gute Früchte tragen wird es nur dann, wenn es auch im Herzen stimmt. **Gutes kann nur entstehen, wenn es aus einem liebevollen Herzen kommt.**

Wenn du dich nach einer besseren Welt sehnst, dann ist der erste Schritt dazu, sie zuerst in dir selbst zu verwirklichen. Die positive Energie aus deiner inneren Quelle verleiht dir Kraft, Zuversicht und Inspiration, um wahrhaft Gutes in die Welt zu bringen. Wenn jeder Politiker, jeder Aktivist, jeder Journalist, jeder Unternehmer sich zuerst um die positive Ausrichtung in seinem Herzen bemüht und anschießend in die Welt hinausgeht, um seinen Dienst zu leisten, so wird er wahrhaft Gutes bewirken.

Der wirkungsvollste Weg, Licht in die Dunkelheit zu bringen, ist, die positive Energie zu stärken und sie trotz aller äußeren Widerstände zu halten. Wer das beherzigt, erreicht viel mehr, als es blinder Aktivismus könnte. Deswegen sollte dir viel daran liegen, jeden Tag aufs Neue das Feuer der positiven Energie in dir selbst zu entfachen, bevor du dich an dein Tagwerk machst.

Wenn in dir die Quelle der Liebe sprudelt, bist du ein Segen für die Welt. Wohin du auch gehst, wirst du Gutes bewirken.

»Der Mensch ist ein Teil des Ganzen, das wir Universum nennen, ein in Raum und Zeit begrenzter Teil. Er erfährt sich selbst, seine Gedanken und Gefühle als abgetrennt von allem anderen – eine Art optische Täuschung des Bewusstseins. Diese Täuschung ist für uns eine Art Gefängnis, das uns auf unsere eigenen Vorlieben und auf die Zuneigung zu wenigen uns Nahestehenden beschränkt. Unser Ziel muss es sein, uns aus diesem Gefängnis zu befreien, indem wir den Horizont unseres Mitgefühls erweitern, bis er alle lebenden Wesen und die gesamte Natur in all ihrer Schönheit umfasst.«

Albert Einstein

Wir sind alle durch das Licht verbunden

Global betrachtet scheinen wir Menschen sehr unterschiedlich zu sein. Wir unterscheiden uns durch Hautfarbe, Sprache, Religion, Tradition usw. Solange wir uns nur im Außen begegnen, sehen wir lediglich die Unterschiede, das Trennende. Wir nehmen uns als fremd wahr und fühlen uns dadurch oft sogar bedroht. Im schlimmsten Fall beginnen Religionen, Nationen und Rassen, sich gegenseitig zu bekämpfen, was viel Kummer und Leid zur Folge hat. Wenn wir jedoch in die Tiefe unserer Seele blicken, so werden wir quer durch alle Kulturen immer dieselben Sehnsüchte und Wünsche finden: Im Grunde wollen wir alle in Glück, Freiheit und Frieden leben. Wir brauchen also nur unsere Aufmerksamkeit auf unser inneres Licht zu richten, um das Gemeinsame zu entdecken, das uns über alle Schranken hinweg verbindet. Dort finden wir, was uns zu Menschen macht: Licht, Liebe, Frieden, Harmonie, Glück. Alles Trennende wird dann zweitrangig, womit jegliches Konfliktpotential wegfällt. Es gibt nichts mehr, worüber wir uns streiten müssten. Je mehr jeder von uns zum eigenen inneren Licht vordringt, desto klarer sehen wir, dass wir im Grunde eins sind und alles Trennende nur aus der Verblendung des autoaktiven Verstandes stammt.

> Wenn wir mehr Frieden und Gerechtigkeit in die Welt bringen wollen, so können wir das am besten tun, indem wir uns zuerst auf die Suche nach dem Guten und Liebevollen in uns selbst machen. Haben wir es entdeckt und in unserem eigenen kleinen Kreis wahrhaftig zur Entfaltung gebracht, so können wir es in die Welt hinaustragen. Dann wird es zu wahrem Segen für andere.

> *»Wer ständig glücklich sein möchte,*
> *muss sich oft verändern.«*
>
> Konfuzius

Keine Angst vor Veränderung

Nun hast du alles in der Hand, was du brauchst, um dein volles Potential entfalten zu können. Der Weg in deine persönliche Erfüllung liegt vor dir. Niemand anders kann ihn für dich gehen. Das kannst nur du!

Es gibt etwas, das dich davon abhalten könnte, das Richtige zu tun: Angst vor Veränderung. Wie gerne hätten wir, wenn es uns einmal gut geht, dass alles am besten so bleibt, wie es ist? Wie gerne würden wir das Glück festhalten und nie wieder loslassen? Der Wunsch nach beständigem Glück ist berechtigt, und die gute Nachricht ist: Er ist erfüllbar! Allerdings ist Glück kein statischer Zustand, sondern ein dynamischer Prozess.

Vielleicht verfolgst du diesen geistigen Weg eine Zeitlang und du spürst, wie gut es dir dabei geht, aber die damit einhergehenden Veränderungen machen dir irgendwie Angst. Du entschließt dich, stehen zu bleiben, und vergisst oder verdrängst sogar, was du gelernt hast. Dann merkst du, wie der Stillstand dich unweigerlich unglücklich macht. Der Leidensdruck wird schließlich so groß, dass du dich wieder zu bewegen beginnst. Schon bald fühlst du dich wieder wohler. Du lässt dich wieder auf den Strom des Lebens ein, auch wenn du nicht genau weißt, was er mit sich bringen mag. Ein kurzer Blick in die Vergangenheit macht dir jedoch bewusst, dass bisher alles gut gelaufen ist. Warum sollte es also nicht auch weiterhin gut laufen? Du darfst zuversichtlich sein und darauf vertrauen, dass dir dieser Weg, den dir deine Seele weist, auch weiterhin Gutes bringen wird. Die Angst vor Veränderung erweist sich als unbegründet. Du kannst dich guten Gewissens auf das Abenteuer Leben einlassen.

> Wenn du den hier beschriebenen Weg gehst, wird dich deine innere Glückseligkeit bei allen Veränderungen des Lebens begleiten. Du ruhst dann in dir selbst und schöpfst Kraft und Freude aus deiner inneren Quelle, die immer für dich da sein wird, egal wohin du gehst.